*Bibliographie critique du
roman canadien-français, 1837-1900*

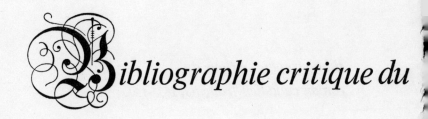
Bibliographie critique du

roman canadien-français, 1837-1900

DAVID M. HAYNE
University College
University of Toronto

MARCEL TIROL

UNIVERSITY OF TORONTO PRESS

© University of Toronto Press 1968
Printed in Great Britain by
Hazell Watson & Viney Ltd
Aylesbury, Bucks
SBN 8020 1541 7

Cet ouvrage a été publié grâce à une subvention accordée par le Conseil canadien de
Recherches sur les Humanités et provenant de fonds fournis par le Conseil des Arts du
Canada.

Avant-propos

Cette étude bibliographique du roman canadien-français au XIXe siècle est le fruit de longues recherches. Commencées vers 1945, celles-ci furent rudement interrompues, le 25 septembre 1949, par le décès prématuré de mon distingué collaborateur, M. Marcel Tirol, professeur à Queen's University, Kingston. Depuis ce moment, j'ai voulu continuer et mener à bonne fin un travail auquel mon regretté collègue avait consacré tant de temps et d'efforts.

Pour délimiter le sujet, il nous avait fallu adopter une définition provisoire du terme « roman canadien-français », que nous avons défini de la façon suivante :

une narration fictive en prose, assez considérable pour occuper seule un volume d'une centaine de pages, et ayant paru au moins une fois en volume séparé; rédigée en français pour des lecteurs adultes par un auteur né et élevé, ou résidant de façon permanente, au Canada.

Dans les cas douteux, nous avons péché par l'inclusion plutôt que par le contraire, insérant des notes sur certains écrivains français ou autres susceptibles d'être pris pour des Canadiens.

Notre ouvrage est conçu selon le plan suivant :

i) Au premier chapitre le lecteur trouvera la liste des bibliographies, ouvrages de critique et histoires de la littérature canadienne où il est question des romanciers canadiens-français du XIXe siècle. Puisqu'il s'agit en grande partie d'ouvrages à consultation facile nous n'avons pas cru nécessaire d'en analyser minutieusement le contenu, mais nous indiquons les principaux passages ayant trait à notre sujet. Il faut d'ailleurs avertir le lecteur que les ouvrages consacrés en partie ou en entier à un seul romancier canadien du XIXe siècle se trouveront rangés sous le nom du romancier dans une autre section de notre volume.

ii) Ensuite nous présentons, par ordre alphabétique, les romanciers canadiens dont les ouvrages ont paru en volume entre 1837 et 1900, en signalant pour chaque roman les principales éditions en volume ou en feuilleton, les traductions en langue anglaise et les reproductions partielles parues dans des périodiques ou des recueils. Nous nous sommes dispensés pourtant de dresser la liste des passages tirés de romans canadiens qui sont reproduits dans les recueils d'extraits à l'usage des classes. Nous avons transcrit la page-titre de tous les romans, mais sans essayer de reproduire une ponctuation souvent fantaisiste, et nous donnons, d'après le Catalogue collectif de la Bibliothèque nationale du Canada, le sigle des bibliothèques canadiennes où l'on peut consulter ces volumes. Dans certains cas nous avons cru utile d'y ajouter des notes bibliographiques ou littéraires. Dans cette liste des éditions, traductions et reproductions partielles de chaque roman, nous avons observé l'ordre chronologique, qui permet au curieux de se renseigner sur le succès relatif du livre à chaque époque.

iii) Enfin, nous offrons sous le nom de chaque romancier une liste, par ordre alphabétique d'auteurs, des principaux livres et articles consacrés aux ouvrages romanesques de cet écrivain. Ici, nous n'avons pas visé à être complets; nous avons accordé, il est vrai, une assez large place aux témoignages d'époque, mais en général nous nous sommes contentés de signaler aux chercheurs et aux étudiants les sources les plus utiles, en passant sous silence les nombreuses pages qui n'apportent rien de nouveau. Pour ne pas alourdir notre texte de références que le travailleur sérieux consultera d'office, nous avons supprimé dans cette partie les renvois aux encyclopédies, aux dictionnaires biographiques (Bibaud, Le Jeune, Rose, Wallace) et aux histoires générales de la littérature canadienne-française (Baillargeon, Brunet, Lareau, Roy, Sœurs de Sainte-Anne, Tougas, Viatte). Nous avons écarté également la plupart des brèves notices et des nécro-logies parues dans les journaux, nous contentant dans ce dernier cas de donner la date et le lieu de décès de l'écrivain. Dans l'état actuel des études de littérature canadienne nous n'avons pas cru nécessaire de signaler les rares comptes-rendus d'ouvrages critiques, ceux-là étant trop souvent impressionnistes et sans valeur. Nous nous sommes efforcés cependant d'ajouter quelques indications de la portée ou de la valeur des critiques que nous signalons, afin que le lecteur puisse se diriger sans délai vers les études les plus importantes. Dans la mesure du possible, nous avons essayé de tenir compte de toutes les références qui ont été portées à notre attention avant le 31 décembre 1966.

iv) Notre volume se complète par un index des titres et sous-titres de romans et des noms d'auteurs et de compilateurs cités dans la bibliographie.

*
* *

Ceux qui sont assez téméraires pour s'aventurer sur un terrain bibliographique inexploré doivent avoir recours à des guides expérimentés. Je tiens à exprimer notre reconnaissance à tous ceux qui nous ont aidés et encouragés dans ce travail, et surtout aux personnes suivantes: M. Jean-Charles Bonenfant, biblio-thécaire de la Législature de la Province de Québec; M. l'abbé Hervé Gagné, bibliothécaire de l'Université Laval; M. H. Pearson Gundy, ancien bibliothécaire de Queen's University; Mlle Pamela Hardisty, bibliothécaire adjoint de la Bibliothèque du Parlement; M. John Hare, professeur à l'Université d'Ottawa; feu M. F. C. A. Jeanneret, ancien chancelier de l'University of Toronto; M. Luc Lacourcière, directeur des Archives de Folklore de l'Université Laval; M. Jean-Jacques Lefebvre, archiviste de la Cour supérieure de Montréal; M. Roger Le Moine, professeur à l'Université d'Ottawa; M. Gérard Malchelosse, ancien gérant de la Librairie Ducharme; le R.P. Auguste-M. Morisset, ancien biblio-thécaire de l'Université d'Ottawa; M. l'abbé Honorius Provost, archiviste du Petit Séminaire de Québec; Mlle Martha Sheppard de la Bibliothèque nationale du Canada; M. Raymond Tanghe, ancien bibliothécaire adjoint de la Biblio-thèque nationale du Canada.

Malgré les précieux conseils que nous ont fournis tant de hautes autorités, il est inconcevable que nous ne nous soyons pas quelquefois égarés. Je serai bien reconnaissant à tous ceux qui me communiqueront des corrections, ou qui m'aideront à combler les nombreuses lacunes qui persistent en dépit de tous nos efforts.

DAVID M. HAYNE

Abréviations

OTTC, Trinity College Library
OTV, Victoria University Library
QMBM, Collection Gagnon, Bibliothèque
de la Ville de Montréal
QMM, McGill University Library
QMSS, Bibliothèque Saint-Sulpice
QMU, Bibliothèque de l'Université de
Montréal

QQA, Bibliothèque des Archives de la
Province de Québec
QQL, Bibliothèque de la Législature de la
Province de Québec
QQLa, Bibliothèque générale de
l'Université Laval
QQS, Bibliothèque du Séminaire de
Québec

Bibliographie critique du
roman canadien-français, 1837-1900

Sources bibliographiques, biographiques et critiques

SOURCES BIBLIOGRAPHIQUES

1 BEAULIEU, ANDRÉ et JEAN HAMELIN, *Les Journaux du Québec de 1764 à 1964*, préface de JEAN-CHARLES BONENFANT, Québec, Les Presses de l'université Laval; Paris, Armand Colin, 1965. xxvi, 329 p. (« Les Cahiers de l'institut d'Histoire », 6)

1a BELL, INGLIS F. et SUSAN W. PORT (comp.), *Canadian Literature. Littérature canadienne. 1959–1963*. A Checklist of Creative and Critical Writings. Bibliographie de la critique et des œuvres d'imagination... A *Canadian Literature* Supplement. Publications Centre, The University of British Columbia, 1966. [viii], 140 p.
« Littérature canadienne-française », pp. 85–140
[Bibliographie cumulative tirée des bibliographies annuelles publiées dans *Canadian Literature*. Pour la suite, voir les nos 22, 27, 32, etc. de cette revue]

BENOIST, JEANNE. Voir HAMEL, RÉGINALD, no 27a

1b BOURINOT, JOHN GEORGE, « Bibliography of the Members of the Royal Society of Canada » dans *Mémoires de la Société royale du Canada,* XII (1894), sect. 1, pp. 1–79
« L. Pamphile Le May », p. 52
« Napoléon Legendre », pp. 52–53
« Joseph Marmette », p. 58

BOYLE, GERTRUDE M. Voir TORONTO PUBLIC LIBRARY, no 46

2 *Canadian Graduate Theses in the Humanities and Social Sciences, 1921–1946. Thèses des gradués canadiens dans les humanités et les sciences sociales,* Ottawa, Imprimeur du roi, 1951. 194 p.

2a *Canadian Theses. A List of Theses Accepted by Canadian Universities in 1952. Thèses canadiennes. Une liste des thèses acceptées par les universités canadiennes en 1952.* Ottawa, National Library of Canada; Bibliothèque nationale du Canada, 1953. Edmond Cloutier,... Queen's Printer; Imprimeur de la Reine. [v], 50 p.
[Des listes analogues ont paru pour les années 1960–1961, 1961–1962, 1962–1963, 1963–1964, etc.]

3   CARRIER, LOUIS, *Books of French Canada,* Montréal, Éds du Mercure, 1927. 47 p. (« An Exhibit Prepared for the Annual Meeting of the American Library Association, Toronto, June, 1927 »)
« Novels », pp. 41–43
« Short Stories and Journalism », pp. 44–45
Catalogue d'articles parus dans diverses revues canadiennes. Voir SAINT-PIERRE, ARTHUR, no 41

3a   *Catalogue de l'édition au Canada français,* publié par le Conseil Supérieur du Livre avec le concours du Ministère des Affaires culturelles du Québec... 1966–1967, [Deuxième éd.], [Montréal, s.éd., 1966.] 358 p.

4   *Catalogue de livres canadiens (section française),* Londres, Exposition de l'Empire britannique, Parc Wembley, 1924. 32 p.
« Roman », pp. 27–29
[Catalogues d'imprimerie ou de librairie.] Voir: CÔTÉ, AUGUSTIN, no 8; FILTEAU, J.-O., no 14

5   CHABOT, JULIETTE, *Bio-bibliographie d'écrivains canadiens-français.* Une liste des bio-bibliographies présentées par les élèves de l'École de Bibliothécaires, Université de Montréal, 1937–1947. Montréal, [s.éd.], 1948. 12 p.
[Reproduite dans *Canadian Library Association Bulletin,* VI (1950) pp. 167–178. Pour la continuation de cette liste, 1947–1960, voir CHÉNÉ, JEANNE, no 6]

CHÉNÉ, JEANNE. Voir TANGHE, RAYMOND, no 44

6   ———— et DENISE MARTIN, « Bibliographie d'écrivains canadiens-français. Une liste des bio-bibliographies présentées par les élèves de l'École de Bibliothécaires de l'Université de Montréal, 1947–1960 », Montréal, 1961. xv, 65 f.
[Thèse présentée à l'École de Bibliothécaires de l'Université de Montréal. Dactylographiée. Pour la liste des années 1937–1947, voir CHABOT, JULIETTE, no 5]

COLBECK, MARJORIE. Voir TORONTO PUBLIC LIBRARY, no 46

CORBEIL, MADELEINE. Voir HAMEL, RÉGINALD, no 27a

7   CORDINGLEY, AUDREY, « A Bibliography of Canadian Literary Periodicals, 1789–1900, Part II: French-Canadian » dans *Mémoires de la Société royale du Canada,* 3e sér., XXVI (1932), sect. 2, pp. 92–96

————. Voir aussi TOD, DOROTHEA DOUGLAS et AUDREY CORDINGLEY, no 45

CORRIGAN, BEATRICE. Voir GOGGIO, EMILIO, BEATRICE CORRIGAN et JACK H. PARKER, no 22

8   [CÔTÉ, AUGUSTIN], *Catalogue de livres, brochures, journaux, etc. sortis de l'Imprimerie Générale, Québec, rue du Fort, 8, depuis sa fondation le 1er décembre 1842,* Québec, 1896. 23 p.
(Deuxième éd., 1898. 32 p.)

CROMBIE, JEAN BREAKNELL. Voir SIR GEORGE WILLIAMS COLLEGE, MONTREAL, no 42

9   DASSONVILLE, MICHEL, « Répertoire des thèses présentées à la Faculté des
     Lettres de l'Université Laval, 1946-1956 », *Culture*, XX (1959) pp.
     195-220

10   DELISLE, GERMAINE, « Notes critiques sur des bibliographies d'auteurs
     canadiens », Montréal, 1949. viii, 107 f.
     [Thèse présentée à la Faculté des Lettres de l'Université de Montréal pour
     l'obtention du grade de Maître ès Arts. Dactylographiée. Commentaire
     critique sur des thèses bibliographiques présentées aux Écoles de Bibliothéco-
     nomie des universités de Montréal et Laval]

11   DIONNE, NARCISSE-EUTROPE, *Inventaire chronologique des livres, brochures,*
     journaux et revues, publiés en langue française dans la province de
     Québec, depuis l'établissement de l'imprimerie au Canada jusqu'à nos
     jours, 1764-1905, Québec, [s.éd.], 1905. 174 p.

12   DROLET, ANTONIO, *Bibliographie du roman canadien-français, 1900-1950,*
     Québec, Presses universitaires de Laval, 1955. 125 p.
     [A consulter pour les romans et nouvelles publiés après 1900 par certains
     romanciers mentionnés dans notre bibliographie.]

13   EVERITT, CORA, « List of Source Material Used for Canadian Biography
     by the Cataloguing Division of the Toronto Public Library », *Ontario*
     Library Review, XX (1936) pp. 131-134

14   FILTEAU, J.-O., *Catalogue de livres canadiens et de quelques ouvrages*
     français sur le Canada, anciens et modernes, St. Roch de Québec,
     Laberge et Gingras, 1878. 22 p. (« No. 1 — Septembre 1878 »)

15   FRASER, IAN FORBES, *Bibliography of French-Canadian Poetry. Part I:*
     From the Beginnings of the Literature through the École littéraire de
     Montréal, New York, Publications of the Institute of French Studies,
     Inc., Columbia University, [c. 1935]. vi, 105 p.
     « General Works on French-Canadian Literature », pp. 16-36
     « Pierre-Joseph-Olivier Chauveau », pp. 53-55
     « Antoine Gérin-Lajoie », pp. 70-72
     « Napoléon Legendre », p. 74
     « Léon-Pamphile Lemay », pp. 74-77
     « Rémi Tremblay », pp. 89-90

16   GAGNÉ, abbé ARMAND, *Catalogue des thèses de l'École des Gradués de*
     l'Université Laval, 1940-1960, Québec, 1960. vi, 76 p.
     (« Études et recherches bibliographiques, no 1 »)
     « Littérature canadienne », pp. 42-45
     « Index des sujets », pp. 67-76

17   GAGNON, PHILÉAS, *Essai de bibliographie canadienne; inventaire d'une*
     bibliothèque comprenant imprimés, manuscrits, estampes, etc., relatifs à
     l'histoire du Canada et des pays adjacents, avec des notes bibliographiques,
     Québec, l'auteur, 1895. x, 711 p.

18   ———, *Essai de bibliographie canadienne, ... ajoutés à la Collection*
     Gagnon depuis 1895 à 1909 inclusivement, d'après les notes biblio-
     graphiques et le catalogue de l'auteur... Préface de l'échevin VICTOR
     MORIN..., Montréal, La Cité de Montréal, 1913. 462 p.

19   GARIGUE, PHILIP, *A Bibliographical Introduction to the Study of French Canada*, Montréal, Department of Sociology and Anthropology, McGill University, 1956. 133 p.
     « Literature », pp. 108–112
     « Bibliographies », pp. 132–133

20   GEDDES, JAMES, Jr., *Canadian French. The Language and Literature of the Past Decade, 1890–1900, with a Retrospect of the Causes that Have Produced Them*, Erlangen, Junge und Sohn; Paris, J. Gamber, 1902. 66 p.
     [Extrait du *Kritischer Jahresbericht über die Fortschritte der Romanischen Philologie*, v (1897–1898) pp. ɪ : 294–358. Des suppléments annuels pour les années 1901–1910 ont paru dans la même revue]

21   ———, *Bibliographical Outline of French-Canadian Literature*, Third revised edition, [Chicago, University of Chicago Press], 1940. 52 p.
     [Tirage à part d'un article des *Papers of the Bibliographical Society of America*, vɪɪɪ (1914) pp. 7–42]

22   GOGGIO, EMILIO, BEATRICE CORRIGAN et JACK H. PARKER, *A Bibliography of Canadian Cultural Periodicals (English and French from Colonial Times to 1950) in Canadian Libraries*, [Toronto], Department of Italian, Spanish and Portuguese, University of Toronto, 1955. [ii], 45 p.

23   GRANGER FRÈRES, *France-Canada. Bibliographie canadienne; catalogue d'un choix d'ouvrages canadiens-français, accompagné de notes bibliographiques et préparé à l'occasion de l'Exposition universelle de 1900*, Montréal, Granger, [1900]. 83 p.

24   ———, *Littérature nationale. Bibliographie canadienne... Catalogue annoté d'ouvrages canadiens-français*, Montréal, Granger, [1906]. 295 p.
     [Nouv. éd. augm. du catalogue précédent. Annoté par SYLVA CLAPIN]

25   HAIGHT, WILLET RICKETSON, *Canadian Catalogue of Books, Part I* [1791–1895], Toronto, Haight, 1896. 130 p.
     [Reproduction photographique de ce catalogue et des deux suppléments : London, H. Pordes, 1958]

26   ———, *The Annual Canadian Catalogue of Books, 1896*, Toronto, Haight, 1898. 48 p.
     [Premier supplément]

27   ———, *The Annual Canadian Catalogue of Books, 1897*, Toronto, Haight, 1904. 57 p.
     [Second supplément]

27a HAMEL, RÉGINALD, *Bibliographie des lettres canadiennes-françaises, 1965, ...* avec la collaboration de JEANNE BENOIST et de MADELEINE CORBEIL, no spécial de la revue *Études françaises*, juin 1966. 111 p.
     « Auteurs », pp. 30–111
     « Roman », pp. 17–18
     [Bibliographie cumulative tirée des bibliographies publiées dans chaque no de cette revue]

     HAMELIN, JEAN. Voir BEAULIEU, ANDRÉ et JEAN HAMELIN, no 1

28   HARE, JOHN E., « Bibliographie du roman canadien-français, 1837–1962 »,
      avec préface de PAUL WYCZYNSKI, dans *Le Roman canadien-français;*
      évolution, témoignages, bibliographie (voir no 183), pp. 375–456
      « Études sur le roman canadien-français », pp. 381–387
      « Bibliographie du roman canadien-français » [par ordre alphabétique d'au-
      teurs], pp. 389–425
      « La Chronologie du roman canadien-français » [liste par ordre chronolo-
      gique], pp. 427–443
      « Romans pour adolescents » [par ordre alphabétique d'auteurs], pp. 445–456

      HIGGINS, MARION V. Voir MCGILL UNIVERSITY, MONTREAL, no 31

29   LANCTOT, GUSTAVE, *L'Œuvre de la France en Amérique du nord; biblio-*
      graphie sélective et critique, Montréal, Paris, Fides, 1951. 185 p.
      « Culture, littérature, beaux-arts et folklore », pp. 117–139

30   LEURY, BERTHE, « Bibliographie du roman historique canadien », Montréal,
      1940. 34 f.
      [Thèse présentée à l'École de Bibliothécaires de l'Université de Montréal.
      Manuscrite. Sur microfilm (voir no 36), bobine no 9. « Je n'ai pas la préten-
      tion de dresser ici la liste de tous les romans historiques publiés ou non, j'ai
      classé ceux qui ont connu une certaine vogue et ceux qui ont échappé aux
      temps », p. i]

      LÉVEILLÉ, JEAN-BERNARD. Voir TANGHE, RAYMOND, no 44

31   MCGILL UNIVERSITY, MONTREAL. LIBRARY SCHOOL, *A Bibliography of*
      Canadian Bibliographies, Compiled by the 1929 and 1930 Classes in
      Bibliography of McGill University Library School, under the Direction
      of MARION V. HIGGINS... Montréal, 1930. iv, 45 p. (A la couverture:
      « McGill University Publications, Series VII, Library, No. 20 »)

32   ——, *Quebec in Books.* Compiled by the Class of 1934, McGill Univer-
      sity Library School, for the Fifty-sixth Annual Convention of the
      American Library Association, Montréal, June 25–30, 1934 [Montreal,
      Unity Press], 1934. 56 p.

33   MARION, SÉRAPHIN, *A la conquête du haut savoir,* Ottawa, [s.éd., 1945].
      27 p.
      [Répertoire de thèses sur la culture canadienne-française]

      MARTIN, DENISE. Voir CHÉNÉ, JEANNE et DENISE MARTIN, no 6

34   MARTIN, GÉRARD, *Bibliographie sommaire du Canada français, 1854–1954,*
      Québec, [s.éd.], 1954. 104 p. (En tête du titre: Secrétariat de la Province
      de Québec)
      « Romans, contes et nouvelles », pp. 65–75
      « Romans pour les jeunes », pp. 75–77
      « Histoire et critique littéraires », pp. 79–85
      « Bibliographie », pp. 87–88

35   MERCIER, YVETTE, « Bibliographie de biographies et mémoires sur les
      journalistes et les hommes de lettres canadiens-français depuis 1764 à
      nos jours », Montréal, 1943. 335 f.
      [Thèse présentée à l'École de Bibliothécaires de l'Université de Montréal.
      Dactylographiée. Copie entre les mains du compilateur. *Non vidi*]

36 MONTRÉAL, UNIVERSITÉ DE, ÉCOLE DE BIBLIOTHÉCAIRES, « Bibliographies d'auteurs canadiens d'expression française »
[10 bobines de microfilm: à peu près 250 thèses bibliographiques consacrées à des auteurs canadiens, dont Félicité Angers (2 thèses), Philippe-Joseph Aubert de Gaspé (2 thèses), Honoré Beaugrand, Georges Boucher de Boucherville, Napoléon Bourassa (2 thèses), Pierre-Joseph-Olivier Chauveau, Ernest Choquette, Antoine Gérin-Lajoie, Joseph Marmette, Régis Roy, Jules-Paul Tardivel]

37 MONTREUIL, DENISE, « Bibliographie du roman canadien-français des débuts à 1925 », Québec, 1949. 30 f.
[Thèse présentée à l'École de Bibliothécaires de l'Université Laval. Dactylographiée]

38 MORGAN, HENRY JAMES, *Bibliotheca Canadensis, or a Manual of Canadian Literature,* Ottawa, G. E. Desbarats, 1867. xiv, 411 p.

PARKER, JACK H. Voir GOGGIO, EMILIO, BEATRICE CORRIGAN et JACK H. PARKER, no 22

PELLERIN, MADELEINE. Voir TANGHE, RAYMOND, no 43

PORT, SUSAN W. Voir BELL, INGLIS F. et SUSAN W. PORT, no 1a

39 QUÉBEC (PROVINCE), LÉGISLATURE, *Catalogue de la bibliothèque de la Législature de la province de Québec.* Préparée sous la direction de l'honorable T.-D. BOUCHARD. Québec, Paradis, Imprimeur du roi, 1932. xxxii, 293 p.
[Remplace les *Catalogues* de 1884 et 1903 avec leurs *Suppléments*]

40 QUEEN'S UNIVERSITY, KINGSTON. DOUGLAS LIBRARY, *Canadiana, 1698–1900, in the Possession of the Douglas Library...,* Kingston, [Queen's University], 1932. ii, 86 p.

41 SAINT-PIERRE, ARTHUR, *Catalogue d'articles parus dans diverses revues canadiennes,* [s.l.n.éd.], 1912. 53 p. [Index de 15 revues]
« Biographies », pp. 25–33
« Littérature », pp. 38–43

42 SIR GEORGE WILLIAMS COLLEGE, MONTREAL, *Bibliography of Canadiana, 1944.* Compiled and Arranged by the Librarians, JEAN BREAKNELL CROMBIE, MARGARET ALICE WEBB. Montreal, Sir George Williams College, 1945. 322 f.

Supplement 1944–1946, Montreal, Sir George Williams College, 1946. 55 f.

SOCIÉTÉ BIBLIOGRAPHIQUE DU CANADA. Voir TANGHE, RAYMOND, no 43

STATON, FRANCES M. Voir TORONTO PUBLIC LIBRARY, no 46

43 TANGHE, RAYMOND, *Bibliographie des bibliographies canadiennes,* Toronto, University of Toronto Press, 1960. [vii], 206 p.
(Publiée sous les auspices de la Société bibliographique du Canada)
[Page-titre, préface et introduction en anglais et en français]
« Littérature », pp. 155–160

Supplément 1960 & 1961, publié par la Société bibliographique du Canada, Toronto, 1962. 24 p.

Supplément 1962 & 1963, préparé par MADELEINE PELLERIN, publié par la Société bibliographique du Canada, Toronto, 1964. 27 p.

Supplément 1964 & 1965, préparé par MADELEINE PELLERIN, publié par la Société bibliographique du Canada, Toronto, 1966. 32 p.

44 ———, *L'École de Bibliothécaires de l'Université de Montréal, 1937–1962,* Montréal, Fides, [1962]. 69 p.

[Contient, aux pp. 43–67, la liste des thèses bibliographiques présentées à l'École, compilée par JEAN-BERNARD LÉVEILLÉ et JEANNE CHÉNÉ]

45 TOD, DOROTHEA DOUGLAS et AUDREY CORDINGLEY, *A Check List of Canadian Imprints 1900–1925; Catalogue d'ouvrages imprimés au Canada* (Preliminary checking edition; liste à vérifier), Ottawa, Edmond Cloutier, King's Printer, 1950. [iv], 370 p.

46 TORONTO PUBLIC LIBRARY, *A Bibliography of Canadiana,* Being Items in the Public Library of Toronto, Canada, Relating to the Early History and Development of Canada; Edited by FRANCES M. STATON and MARIE TREMAINE, with an Introduction by George H. Locke. Toronto, The Public Library, 1934. 828 p.

First Supplement... Edited by GERTRUDE M. BOYLE, Assisted by MARJORIE COLBECK, with an Introduction by HENRY C. CAMPBELL. Toronto, The Public Library, 1959. 352 p.

47 TOUGAS, GÉRARD, *A Check List of Printed Materials Relating to French Canadian Literature. Liste de référence d'imprimés relatifs à la littérature canadienne-française,* Vancouver, University of British Columbia Library, 1958. 93 p.

TREMAINE, MARIE. Voir TORONTO PUBLIC LIBRARY, no 46

WEBB, MARGARET ALICE. Voir SIR GEORGE WILLIAMS COLLEGE, MONTREAL, no 42

48 WYCZYNSKI, PAUL, « Histoire et critique littéraires au Canada français. État des travaux » dans *Littérature et société canadiennes-françaises* (voir no 156), pp. 11–69

[« Bibliographie », pp. 52–69; surtout « Études sur le roman », pp. 66–67]

SOURCES BIOGRAPHIQUES ET CRITIQUES

AB DER HALDEN, CHARLES. Voir HALDEN, CHARLES AB DER, nos 120–122

49 ACADÉMIE CANADIENNE-FRANÇAISE, *Cahiers, III: Essais critiques,* Montréal, [s.éd.], 1958. 170 p.

« Le Roman », par GILLES MARCOTTE, pp. 44–80 (voir no 160)
« Contes et nouvelles », par HERMAS BASTIEN, pp. 81–95

ARLES, HENRI D' [pseud.]. Voir BEAUDÉ, HENRI, no 58

50 ARNOULD, LOUIS, *Nos amis les Canadiens — psychologie — colonisation,* Paris, G. Oudin, 1913. liii, 364 p.
« La Littérature canadienne », pp. 145-196

51 AUCLAIR, abbé ÉLIE-JOSEPH-ARTHUR, *Figures canadiennes,* Montréal, Albert Lévesque, 1933. 2 vol.
« L'Honorable Pierre Chauveau », t. II, pp. 60-67
« Monsieur Antoine Gérin-Lajoie », t. II, pp. 68-77
« Monsieur Napoléon Bourassa », t. II, pp. 78-85
« Monsieur Jules-Paul Tardivel », t. II, pp. 195-200

52 AUDET, FRANCIS-JOSEPH et GÉRARD MALCHELOSSE, *Pseudonymes canadiens,* Montréal, G. Ducharme, 1936. 189 p.

53 BACHERT, GÉRARD, « L'Élément religieux dans le roman canadien-français : étude de son évolution dans les romans de 1900 à 1950 », Québec, 1954. xix, 443 f.
[Thèse de doctorat présentée à l'Université Laval. Dactylographiée. Bibliographie, pp. vi-xix. Par ses limites chronologiques cette thèse n'entre pas dans nos préoccupations, mais elle offre d'intéressantes comparaisons avec notre période]

54 ——, « Le Sentiment religieux dans le roman canadien-français », *La Revue de l'Université Laval,* IX (1954-1955) pp. 868-886 et X (1955-1956) pp. 41-61
[Extrait de la thèse précédente]

55 BAILLAIRGÉ, abbé FRÉDÉRIC-ALEXANDRE, *La Littérature au Canada en 1890,* Joliette, l'auteur, 1891. [viii], 352 p.
« *La Monongahéla* » [Edmond Rousseau], pp. 164, 328-329
« *Les Anciens Canadiens,* traduit en anglais » [Philippe-Joseph Aubert de Gaspé], pp. 307-308

56 BAILLARGEON, SAMUEL, c.ss.r., *Littérature canadienne-française,* 3e éd. revue, Montréal, Paris, Fides, [1961]. 525 p.
« Le Genre romanesque » [1850-1900], pp. 126-145

57 BARRY, Mlle ROBERTINE [pseud. FRANÇOISE], « Les Femmes canadiennes dans la littérature » dans *Les Femmes du Canada, leur vie et leurs œuvres,* ouvrage colligé par le Conseil national des femmes du Canada... [Montréal, s.éd., 1900], pp. 209-215

BASTIEN, HERMAS. Voir ACADÉMIE CANADIENNE-FRANÇAISE, no 49

58 BEAUDÉ, HENRI [pseud. HENRI D'ARLES], *Estampes,* Montréal, L'Action française, 1926. 216 p.
« Une romancière canadienne : Laure Conan », pp. 47-86
« Le Chant du cygne » [Laure Conan], pp. 87-98

59 BÉDIER, JOSEPH et PAUL HAZARD, *Littérature française,* nouv. éd., Paris, Larousse, [1948-1949]. 2 vol.
« Au Canada », par RENÉ GAUTHERON, t. II, pp. 486-496

60 BÉLISLE, ALEXANDRE, *Histoire de la presse franco-américaine...*, Worcester, Mass., « L'Opinion publique », 1911. 434 p.
« Frédéric Houde », pp. 91–92 et *passim*
« Honoré Beaugrand », p. 229 et *passim*
« Rémi Tremblay », pp. 296–299 et *passim*

61 BELLERIVE, GEORGES, *Brèves apologies de nos auteurs féminins*, Québec, Garneau, 1920. 137 p.
« Laure Conan », pp. 12–23
« Mlle Adèle Bibaud », pp. 49–51

62 ———, *Nos auteurs dramatiques; anciens et contemporains. Répertoire analytique*, [s.l.n.éd.], 1933. 162 p.
[Listes supplémentaires dans *Le Canada français*, XX (1932–1933) pp. 748–757 et XXI (1933–1934) pp. 237–243]

63 BENDER, LOUIS-PROSPER, M.D., *Literary Sheaves, ou la littérature au Canada français*, Montréal, Dawson Brothers, 1881. 215 p.
« Hon. Pierre J. O. Chauveau », pp. 9–17
« Philippe [-Joseph] Aubert de Gaspé », pp. 63–68
« Joseph Marmette », pp. 135–146
« Napoléon Legendre », pp. 147–148
« *Le Chercheur de trésors* » [Philippe-Ignace-François Aubert de Gaspé], pp. 191–194

BERTRAND, LUCIENNE. Voir SAINT-JEAN DOMINIQUE, Sr, c.n.d., no 209

64 BIBAUD, FRANÇOIS-MARIE-UNCAS-MAXIMILIEN, *Dictionnaire historique des hommes illustres du Canada et de l'Amérique*, Montréal, Bibaud et Richer, 1857. 389 p.

65 ———, *Tableau historique des progrès matériels et intellectuels du Canada*, Cabinet de Lecture de Montréal, 6 avril 1858. 50 p.
[Voir pp. 33–46 sur la littérature et le journalisme]

66 ———, *Mémorial des honneurs étrangers conférés à des Canadiens ou domiciliés de la puissance du Canada*, Montréal, Beauchemin & Valois, 1885. 100 p.
Chap. X: « Écrits canadiens reproduits à l'étranger », pp. 72–80

67 ———, *Le Panthéon canadien; choix de biographies*, nouv. éd. revue, augm. et complétée jusqu'à ce jour par ADÈLE et VICTORIA BIBAUD, nièces de l'auteur, Montréal, Jos. M. Valois, 1891. vi, 320 p.

BIENVILLE, LOUYSE DE [pseud.]. Voir BRODEUR, Mme DONAT, no 74

68 *Biographies et Portraits d'écrivains canadiens. Études publiées dans le « Propagateur », bulletin bibliographique de la librairie Beauchemin* (1ère sér.), Montréal, Beauchemin, 1913. 140 p.
« Léon Pamphile Le May », pp. 74–77 [signé S.C.]
« Philippe [-Joseph] Aubert de Gaspé », pp. 89–94
« A. Gérin-Lajoie », pp. 95–102

69   BORTHWICK, Rev. J. DOUGLAS, *Montreal, Its History, to Which Is Added Biographical Sketches, with Photographs, of Many of its Principal Citizens*, Montréal, Drysdale, 1875. 153 p.
« P.-J.-O. Chauveau » [avec portr.], p. 56
« Joseph Doutre, Q.C. » [avec portr.], p. 62

70   BOURINOT, JOHN GEORGE, « Literary Culture in Canada », *The Scottish Review*, XXX (1897) pp. 143–163

71   BOVEY, WILFRID, *Canadien; a Study of the French Canadians*, London, J. M. Dent, [1933]. xvii, 293 p.
(Trad. française: *Canadien; étude sur les Canadiens français*, Montréal, Albert Lévesque, [1935]. 321 p.)
« The Pen », pp. 243–248

72   BOYD, ERNEST AUGUSTUS, « Canadian-French Fiction » dans *Studies from Ten Literatures*, New York, London, Scribner's, 1925, pp. 297–303
[Établit un parallèle entre les littératures canadienne-française et anglo-irlandaise]

73   BRACQ, JEAN-CHARLEMAGNE, *The Evolution of French Canada*, New York, Macmillan, 1924. viii, 467 p.
(Trad. française: *L'Évolution du Canada français*, Paris, Plon, 1927. 459 p.)
Chap. XIX: « French Canadian Literature », pp. 334–349

74   BRODEUR, Mme DONAT [pseud. LOUYSE DE BIENVILLE], *Figures et Paysages*, Montréal, Beauchemin, 1931. 238 p.
[Joseph Marmette, avec portr.], pp. 76–78
« Ernest Choquette » [portr.], p. 104

75   BRUNET, BERTHELOT, *Histoire de la littérature canadienne-française*, Montréal, L'Arbre, 1946. 186 p.
« Les Romanciers de notre époque victorienne », pp. 37–45

Cahiers de l'Académie canadienne-française. Voir ACADÉMIE CANADIENNE-FRANÇAISE, no 49

76   CALVET, JEAN, *La Littérature française à l'étranger*. (Supplément de son *Manuel illustré d'histoire de la littérature française*.) Paris, J. de Gigord, 1923. 130 p.
« La Littérature canadienne-française », par le chanoine ÉMILE CHARTIER, pp. 53–75
« La Descente des glaces » [Philippe-Joseph Aubert de Gaspé], pp. 94–98

77   ———, *Manuel illustré d'histoire de la littérature française*, 20ᵉ éd., Paris, J. de Gigord, 1953. iv, 912 p.
Chap. XXII: « La Littérature française à l'étranger », pp. 884–890
[Abrégé du *Supplément* de 1923]

Cambridge History of the British Empire. Voir LAROQUE DE ROQUEBRUNE, ROBERT et ÉDOUARD MONTPETIT, no 141a

78   *The Canadian Biographical Dictionary and Portrait Gallery of Eminent and Self-made Men*, Quebec and the Maritime Provinces Volume, Chicago,

New York, Toronto, American Biographical Publishing Company, 1881. 759 p.
« Napoléon Bourassa », pp. 94–99
« Léon Pamphile Le May », pp. 151–152
« Pierre J. O. Chauveau, Q.C., LL.D. », pp. 247–249
« Joseph Marmette », pp. 293–295

79   CARRUTHERS, NORMAN FRANCIS, « Histoire de la description de la nature chez les prosateurs canadiens-français », Kingston, 1939. ii, 101 f. [Thèse. « Submitted to the Department of French of Queen's University as partial fulfilment of the requirements for the degree of Master of Arts. » Dactylographiée]

80   CASGRAIN, abbé HENRI-RAYMOND, Œuvres complètes, Montréal, t. I, III, IV, C. O. Beauchemin et fils; t. II, Beauchemin et Valois, 1885–1896. 4 vol.
« Le Mouvement littéraire au Canada », t. I, pp. 353–375
« Étude sur Angéline de Montbrun » [Laure Conan], t. I, pp. 411–425
« Philippe [-Joseph] A. de Gaspé », t. II, pp. 239–293
« A. Gérin-Lajoie d'après ses Mémoires », t. II, pp. 431–542

81   ————, « Les Souvenances canadiennes », copie dactylographiée du manuscrit inédit, conservée aux Arch. du Petit Séminaire de Québec. 5 vol.
[Philippe-Joseph Aubert de Gaspé], t. III, pp. 68, 76–86
[Philippe-Ignace-François Aubert de Gaspé], t. III, pp. 71–72
[L'original, manuscrit mais non autographe, est conservé aux Arch. de l'Asile du Bon Pasteur de Québec]

Chambers's Encyclopaedia. Voir FRASER, IAN FORBES, no 111

82   CHAPAIS, THOMAS, Mélanges de polémique et d'études religieuses, politiques et littéraires, Québec, L'Événement, 1905. 373 p.
« M. Joseph Doutre », pp. 93–94
« L'Honorable P.-J.-O. Chauveau », pp. 94–97

83   CHARBONNEAU, JEAN, Des influences françaises au Canada, Montréal, Beauchemin, [1916–1920]. 3 vol.
« Le Roman », t. II, pp. 285–302

84   CHARTIER, Mgr JOSEPH-ÉTIENNE-ÉMILE, « La Littérature au Canada français, 1882–1932 » dans Royal Society of Canada, Fifty Years Retrospect; Anniversary Volume, 1882–1932, [Ottawa, 1932], pp. 27–36

85   ————, La Vie de l'esprit au Canada français, 1760–1925, Montréal, Bernard Valiquette, 1941. 355 p.
[Tiré à part des Mémoires de la Société royale du Canada, 3e sér., XXIV–XXXIII, 1930–1939]
« La Prose de 1820 à 1920 », pp. 179–182

————, Voir aussi CALVET, JEAN, no 76

86   CHAUVEAU, PIERRE-JOSEPH-OLIVIER, L'Instruction publique au Canada; précis historique et statistique..., Québec, Augustin Côté, 1876. 366 p.
Chap. XI: « Mouvement littéraire et intellectuel », pp. 311–344

87   COCHRANE, Rev. WILLIAM M., *The Canadian Album. Men of Canada or Success by Example*, Brantford, Bradley Garretson & Co., 1891–1896. 5 vol.
     « Honoré Beaugrand », t. II, p. 290
     « Rémi Tremblay », t. II, p. 109

88   COLLET, PAULETTE, *L'Hiver dans le roman canadien-français*, Québec, Les Presses de l'université Laval, 1965. 281 p.
     (Coll. « Vie des lettres canadiennes », 3)
     [Publication d'une thèse présentée à l'École des Gradués de l'Université Laval pour obtenir le doctorat de l'Université, Québec, 1962, xliii, 401 f.]
     [« Bibliographie », pp. 259–277. Seules les pages 203 à 209 sont consacrées aux romanciers du XIXᵉ siècle: l'auteur trouve que la nature joue chez eux « un rôle très secondaire » et qu'ils « n'ont pas su la décrire », p. 206]

89   ———, « Les Paysages d'hiver dans le roman canadien-français », *La Revue de l'Université Laval*, XVII (1962–1963) pp. 404–419, 549–562
     [Extrait de la thèse précédente]

     Collier's Encyclopedia. Voir COLLIN, WILLIAM EDWIN, no 90

90   COLLIN, WILLIAM EDWIN, « French-Canadian Literature » dans *Collier's Encyclopedia*, New York, P. F. Collier & Son Corporation, [1949], t. IV, pp. 447–449

     CONRON, BRANDON. Voir SYLVESTRE, GUY, BRANDON CONRON et CARL F. KLINCK, no 221a

91   CRAIG, BARBARA MARY ST. GEORGE, « Le Développement du conte dans la littérature canadienne-française », Kingston, 1939. ii, 172 f.
     [Thèse. « Submitted to the Department of French of Queen's University as partial fulfilment of the requirements for the degree of Master of Arts. » Dactylographiée]
     Chap. II: « Le Conte canadien-français entre 1830 et 1860 », pp. 34–56
     Chap. III: « L'École romantique de 1860 », pp. 57–88

92   CRAUSAZ, ROBERT MARTIN, « The Race Consciousness in the French-Canadian Novel », Pittsburgh, University of Pittsburgh, 1933
     [Thèse de doctorat; dactylographiée. Résumé dans *University of Pittsburgh Bulletin*, XXX no 2 (November 15, 1933) pp. 94–101. *Non vidi*]

93   DANDURAND, abbé ALBERT, *Littérature canadienne-française: la prose*, Montréal, [s.éd.], 1935. 208 p.
     « Le Conte », pp. 157–182
     « Le Roman », pp. 183–203

94   ———, *Le Roman canadien-français*, Montréal, Albert Lévesque, [1937]. 252 p.
     Chap. I: « Origine du romantisme » [1830–1860], pp. 17–57
     Chap. II: « Épanouissement du romantisme » [1860–1900], pp. 59–162

95   [DANIEL, FRANÇOIS], *Histoire des grandes familles françaises au Canada…*, Montréal, Eusèbe Senécal, 1867. xiv, 521, 48 p.
     « La Famille de Boucherville », pp. 217–250
     « La Famille de Gaspé », pp. 347–370

96 DARVEAU, LOUIS-MICHEL, *Nos hommes de lettres,* Montréal, A. A. Stevenson, 1873. vi, 276 p.
« Chauveau », pp. 124–153
« Gérin-Lajoie », pp. 211–229
« [Philippe-Joseph Aubert] De Gaspé », pp. 242–250

97 DASTOUS, ÉMILE, « La Fortune littéraire de Chateaubriand au Canada au XIXᵉ siècle », Paris, 1958. 370 f.
[Thèse présentée à la Faculté des Lettres de l'Université de Paris pour l'obtention du grade de docteur de l'Université. Dactylographiée]
« Imagination et sensibilité chateaubrianesques des premiers romanciers canadiens », pp. 272–345

98 DAVID, LAURENT-OLIVIER, « Essai sur la littérature nationale », *L'Écho du Cabinet de Lecture paroissial,* III (1861) pp. 315–318, et aussi dans *Le Courrier du Canada,* 5ᵉ Année, no 110 (18 octobre 1861) pp. 1–2

99 ———, *L'Union des deux Canadas, 1841–1867,* Montréal, Eusèbe Senécal, 1898. xi, 332 p.
Chap. XVIII: « Mouvement littéraire », pp. 319–327

100 ———, *Mélanges historiques et littéraires,* Montréal, Beauchemin, 1917. 338 p.
« Notre littérature nationale (1861) », pp. 12–17

101 ———, *Au soir de la vie,* Montréal, Beauchemin, [1924]. 358 p.
« Notre littérature nationale », pp. 198–212

102 DESROSIERS, JOSEPH, « Le Roman au foyer chrétien », *Le Canada-français,* I (1888) pp. 208–227
[Dangers du roman réaliste et naturaliste en France; de brèves allusions au roman indigène]

102a DOSTALER, abbé YVES, « L'Opinion canadienne-française devant le roman au XIXᵉ siècle », Québec, 1965. xxx, 161 f.
[Thèse présentée à l'École des Gradués de l'Université Laval pour obtenir le diplôme d'études supérieures]

DOUGHTY, ARTHUR G. Voir ROY, Mgr CAMILLE, no 192

103 DROLET, ANTONIO, « Le Médecin dans le roman canadien-français », *L'Union médicale du Canada,* LXXXIX (1960) pp. 493–499
[Communication faite au 29ᵉ Congrès de l'Association des Médecins de Langue française]

104 DU BLED, VICTOR, « Une ancienne colonie française: le Canada, II: La Vie politique, sociale et littéraire au Canada (1840–1884) », *Revue des deux mondes,* 3ᵉ période, LXVII (15 février 1885) pp. 844–881
[La langue et la littérature], pp. 874–881

DUMONT, FERNAND. Voir *Littérature et société canadiennes-françaises,* no 156

Encyclopaedia Britannica. Voir ROY, Mgr CAMILLE, no 203 ; WOOD, WILLIAM, no 238

Encyclopedia Americana. Voir ROSS, MALCOLM, no 185

Encyclopedia Canadiana. Voir SYLVESTRE, GUY, no 220

Encyclopédie de la Pléiade. Voir VIATTE, AUGUSTE, no 231

Encyclopédie Grolier. Voir FRÉGAULT, GUY, no 113

105 F., E., « L'Histoire, la Poésie et le Roman français-canadien », *Le Constitutionnel* (Paris), LIX no 62 (5 mars 1874) pp. 3-4. Reproduit dans le *Journal de l'instruction publique,* XVIII (1874) pp. 57-58

106 FABRE, HECTOR, « On Canadian Literature », *Transactions of the Literary and Historical Society of Quebec,* session of 1865-1866, New Series, Part 4. Quebec, Middleton & Dawson, 1866, pp. 85-102

107 FALARDEAU, JEAN-CHARLES, *Notre société et son roman,* Montréal, Éds HMH, 1967. 234 p. (« Sciences de l'homme & humanisme », 1)
« Idéologies et thèmes sociaux dans trois romans canadiens du XIXe siècle », pp. 11-38
[P.-J.-O. Chauveau, *Charles Guérin;* A. Gérin-Lajoie, *Jean Rivard;* Errol Bouchette, *Robert Lozé,* publié en 1903. Cette étude a paru d'abord, sous des titres légèrement différents, dans Claude Galarneau et Elzéar Lavoie (comp.), *France et Canada français du XVIe au XXe siècles,* colloque de Québec, 10-12 octobre 1963, Québec, Presses de l'université Laval, 1966 (« Les Cahiers de l'Institut d'Histoire », 7) pp. 245-268, et dans *Études françaises,* II (1966) pp. 133-161]
« Le Désir du départ dans quelques anciens romans canadiens », pp. 39-45
[Mêmes romans. Publié d'abord dans *Recherches sociographiques,* IV (1963) pp. 219-223]

————. Voir aussi *Littérature et société canadiennes-françaises,* no 156

108 FAUCHER DE SAINT-MAURICE, NARCISSE-HENRI-ÉDOUARD, *Choses et autres; études et conférences,* Montréal, Duvernay Frères et Dansereau, 1874. 294 p.
« Charles De Guise », pp. 49-54
« P.[-Joseph] Aubert de Gaspé », pp. 66-71
« Joseph Marmette », pp. 72-108
« Napoléon Legendre », pp. 137-153

FISKE, JOHN. Voir WILSON, JAMES GRANT et JOHN FISKE, no 237b

FRANÇOISE [pseud.]. Voir BARRY, Mlle ROBERTINE, no 57

109 FRARY, RAOUL, « Le Canada français et sa littérature », *Journal officiel de la République française,* 3 octobre et 6 novembre 1878. Reproduit dans *La Revue de Montréal,* II (1878) pp. 607-614 et III (1879) pp. 6-12 et 101-108; et dans *L'Opinion publique,* IX (1878) pp. 517-518 et 578-580, et X (1879) pp. 13-14

110 FRASER, IAN FORBES, *The Spirit of French Canada; a Study of the Literature,* New York, Columbia University Press, 1939. x, 219 p.
[De nombreuses allusions, *passim,* à des romans canadiens du XIXe siècle]

111 ————, « Canadian Literature in French » dans *Chambers's Encyclopaedia,* London, George Newnes, [1955], t. III, pp. 34-38

112 FREEMAN, AUDREY D., « Portrait de la femme canadienne-française d'après la littérature du pays, 1850-1945 », Kingston, 1946. 207 f.
[Thèse présentée à la Faculté des Lettres de Queen's University en vue de l'obtention du diplôme de maître ès arts. Dactylographiée. Bibliographie, pp. 198-205]

113 FRÉGAULT, GUY, « Littérature canadienne-française » dans *L'Encyclopédie Grolier*, Montréal, La Société Grolier, [1947-1948], t. II, pp. 522-528

114 FRÈRES DES ÉCOLES CHRÉTIENNES, *A travers la littérature canadienne-française*, (*Ière sér.*), Montréal, 984 rue Côté, 1928. 263 p. Préface du F. MARIE-VICTORIN, é.c.
« Philippe [-Joseph] Aubert de Gaspé », pp. 67-81
« Antoine Gérin-Lajoie », pp. 99-110
« Pierre-Joseph-Olivier Chauveau », pp. 197-207
« Pamphile Le May », pp. 253-263

115 GAILLY DE TAURINES, CHARLES, *La Nation canadienne. Étude historique sur les populations françaises du nord de l'Amérique*, Paris, E. Plon et Nourrit, 1894. xii, 338 p.
« Romanciers et poètes », 267-280

GAUTHERON, RENÉ. Voir BÉDIER, JOSEPH et PAUL HAZARD, no 59

116 GÉRIN, LÉON, « Notre mouvement intellectuel » dans *Mémoires de la Société royale du Canada*, 2e sér., VII (1901), sect. 1, pp. 145-172
[*L'Oublié* de Félicité Angers], p. 151
[*Claude Paysan* d'Ernest Choquette], p. 152
[*Florence* de Rodolphe Girard], p. 153

117 GOURMONT, RÉMY DE, *Les Canadiens de France*, Paris, Firmin-Didot, [1893]. 256 p.
« Les Écrivains », pp. 189-198

118 GRAHAM, ROBERT SOMERVILLE, « Bilingualism and the Creative Writer of French Canada », Denver, 1956. 235 f.
[Thèse de doctorat, présentée à l'University of Colorado; dactylographiée; sur microfilm. Résumé dans *Dissertation Abstracts*, XVI^2 (1956) pp. 1452-1453. *Non vidi*]

119 GREIG, JANET T., « Le Canadianisme de la littérature canadienne-française de l'école de 1860 », Vancouver, 1926. 117 f.
[Thèse de maîtrise présentée à l'University of British Columbia; dactylographiée. *Non vidi*]

120 HALDEN, CHARLES AB DER, « La Littérature canadienne-française », *La Revue canadienne*, 36e année, XXXVIII (1900) pp. 243-260
[Conférence faite le 19 mars 1900 à l'Hôtel des Sociétés savantes à Paris sous les auspices de l'Alliance française]

121 ——, *Études de littérature canadienne-française*, Paris, F. R. de Rudeval, 1904. civ, 352 p.
« Naissance et développement de la littérature canadienne-française », pp. 1-41
« Philippe[-Joseph] Aubert de Gaspé », pp. 43-52
« Gérin-Lajoie », pp. 127-226
« M. le docteur Choquette », pp. 257-275
« M. H. Beaugrand », pp. 289-299

122 ——, *Nouvelles études de littérature canadienne-française,* Paris, F. R. de
     Rudeval; Montréal, Beauchemin, 1907. xvi, 377 p.
     « Laure Conan », pp. 185–205
     « M. Pamphile Le May », pp. 267–283

123 HAYNE, DAVID MACKNESS, « French-Canadian Novelists on the Defensive;
     a Study of the Disintegrating Influences at Work on Nineteenth
     Century French-Canadian Society, as Portrayed in the Novels of the
     Period », Ottawa, 1944. iii, 122 f.
     [« Thesis submitted in partial fulfilment of the requirements for the degree of
     Master of Arts in the Faculty of Arts of the University of Ottawa. » Dactylo-
     graphiée. Bibliographie, pp. 107–122]

124 ——, « The Historical Novel and French Canada », Ottawa, 1945. 188 f.
     [« Thesis submitted in partial fulfilment of the requirements for the degree of
     Doctor of Philosophy in the Faculty of Arts of the University of Ottawa. »
     Dactylographiée. Bibliographie, pp. 169–188]

125 ——, « Les Origines du roman canadien-français » dans *Le Roman
     canadien-français; évolution, témoignages, bibliographie* (voir no 183),
     pp. 37–67
     [Étude des romans parus entre 1837 et 1860]

     HAZARD, PAUL. Voir BÉDIER, JOSEPH et PAUL HAZARD, no 59

     Histoire des littératures. Voir VIATTE, AUGUSTE, no 231

126 HOGAN, Sr MARIA IGNATIA, c.s.j., « Les Canadiens français d'après les
     romans canadiens-français de 1840 à 1900 », Québec, 1946. x, 148 f.
     [Thèse présentée à la Faculté des Lettres de l'Université Laval pour l'obten-
     tion du grade de docteur de l'Université. Bibliographie, pp. 141–145]

     HOPKINS, J. CASTELL (comp.), *Canada. An Encyclopedia of the Country...*
     Voir SULTE, BENJAMIN, no 217

127 ——, « Canadian Literature », *American Academy of Political and Social
     Science: The Annals,* XLV (1913) pp. 189–215

128 HOWIE, RUTH, « *Évolution du roman au Canada français* », Montréal, 1939.
     216 f.
     [Thèse de doctorat présentée à l'Université de Montréal. Dactylographiée.
     La page-titre manque. Bibliographie, pp. 208–216]
     « Roman de mœurs », pp. 13–64
     « Roman de pure imagination », pp. 65–76
     « Roman économique et social », pp. 77–102
     « Roman politico-religieux », pp. 103–114
     « Roman biblique» , pp. 115–129
     « Roman historique », pp. 130–156
     « Roman national », pp. 157–175
     « Roman du Canada français hors du Canada français », pp. 176–196

129 HUSTON, JAMES, *Le Répertoire national ou recueil de littérature canadienne,*
     Montréal, Lovell & Gibson, 1848–1850. 4 vol. (Deuxième éd. avec

introduction par ADOLPHE-BASILE ROUTHIER, Montréal, J. M. Valois, 1893. 4 vol.)
« L'Étranger » [Philippe-Ignace-François Aubert de Gaspé], t. II, pp. 25–34
« L'Homme du Labrador » [Philippe-Ignace-François Aubert de Gaspé], t. II, pp. 51–60
« La Fille du brigand » [Eugène L'Écuyer], t. III, pp. 84–197
« La Terre paternelle » [Patrice Lacombe], t. III, pp. 342–382

130   ———— (comp.), *Légendes canadiennes*, Paris, P. Jamet, 1853. 303 p.
« L'Étranger » [Philippe-Ignace-François Aubert de Gaspé], pp. 68–76
« L'Homme du Labrador » [Philippe-Ignace-François Aubert de Gaspé], pp. 77–86
« La Fille du brigand » [Eugène L'Écuyer], pp. 104–229
« La Terre paternelle » [Patrice Lacombe], pp. 258–303

131 JOBIN, ANTOINE-JOSEPH, *Visages littéraires du Canada français*, Montréal, Éds du Zodiaque, 1941. 270 p.
[Publication en version française d'une thèse de doctorat présentée à l'University of Michigan en 1936 sous le titre : « The Regional Literature of French Canada »]

132 JONES, FREDERICK MASON, *Le Roman canadien-français, ses origines, son développement*, Montpellier, Imprimerie de la Manufacture de la Charité, 1931. 202 p.
[Thèse présentée à la Faculté des Lettres de l'Université de Montpellier pour obtenir le grade de docteur de l'Université]
Chap. V : « Les Débuts du roman, 1850–1860 », pp. 92–107
Chap. VI : « Le Grand Réveil » [1860], pp. 108–148

133 KERR, WILLIAM ALEXANDER ROBB, *A Short Anthology of French-Canadian Prose Literature*, Toronto, Longmans, Green, 1927. viii, 160 p.
« Une aventure » [Antoine Gérin-Lajoie], pp. 7–14
« La Trophée » [Joseph Marmette], pp. 23–31

KLINCK, CARL F. Voir SYLVESTRE, GUY, BRANDON CONRON et CARL F. KLINCK, no 221a

134 KLINCK, GEORGE ALFRED, *Allons gai! A Topical Anthology of French-Canadian Prose and Verse*, Toronto, Halifax, The Ryerson Press, [1945]. x, 154 p.
« Une épluchette » [Antoine Gérin-Lajoie], pp. 56–57
« La Sucrerie » [Antoine Gérin-Lajoie], pp. 96–98
« Une nuit chez les sorciers » [Philippe-Joseph Aubert de Gaspé], pp. 107–111

135 LAMONTAGNE, LÉOPOLD, « Les Courants idéologiques dans la littérature canadienne-française du XIXe siècle » dans *Littérature et société canadiennes-françaises* (voir no 156) pp. 101–119

136 LANGENFELT, GÖSTA, « Kanadas Schönliteratur », *Englische Studien* (Leipzig), LXI (1927) pp. 224–225
« Die französische Literatur », pp. 227–237

137 LAPERRIÈRE, AUGUSTE (comp.), *Les Guêpes canadiennes,* Ottawa, A.
     Bureau, 1881–1882. 2 vol.
     « G. de Boucherville », t. I, pp. 211–218
     « A. Gérin Lajoie », t. I, pp. 226–235
     « Pierre J. O. Chauveau », t. I, pp. 235–242
     « Joseph Marmette », t. I, pp. 248–254
     « M. Marmette », t. I, pp. 309–320

138 LAREAU, EDMOND, *Histoire de la littérature canadienne,* Montréal, John
     Lovell, 1874. viii, 496 p.
     « Romanciers et Nouvellistes », pp. 270–335
     [Publié d'abord dans *L'Opinion publique,* IV (1873) pp. 146–147. Il est à noter
     que l'ordre des noms à l'index de ce volume n'est pas strictement alphabé-
     tique]

139 LAROQUE DE ROQUEBRUNE, ROBERT, « Les Mouvements de la littérature
     canadienne-française », *Revue de l'Amérique latine,* II (1923) pp. 193–202

140 ——, « La Littérature canadienne-française », *Revue des deux mondes,*
     8e période, XVIII (1er décembre 1933) pp. 631–652
     « Le Roman canadien », pp. 637–639

140a ——— et ÉDOUARD MONTPETIT, « French Literature in Canada » dans
     Cambridge History of the British Empire, Cambridge, University Press,
     1929–1930, t. VI, chap. XXXIII, « Cultural Development: French », pp.
     771–788

     Larousse canadien complet. Voir LEFEBVRE, JEAN-JACQUES, no 146

141 LAUZIÈRE, ARSÈNE, « A la recherche du visage romantique canadien » dans
     Mémoires de la Société royale du Canada, 3e sér., L (1956), sect. 1, pp.
     49–56

142 ——, « Primevères du roman canadien-français. Filiation littéraire: les
     thèmes », *Culture,* XVIII (1957) pp. 225–244

143 ——, « Primevères du roman canadien-français. Filiation littéraire, II:
     problème des influences et romantisme de pacotille », *Culture,* XIX
     (1958) pp. 233–256

144 LEBEL, ROLAND, *Histoire de la littérature coloniale en France,* Paris, Larose,
     1931. 236 p.
     « Le Canada et la Louisiane », pp. 191–236

145 LEFAIVRE, ALBERT-ALEXIS, *Conférence sur la littérature canadienne,*
     Versailles, Bernard, 1877. 61 p.
     [Le roman et la nouvelle], pp. 29–37

146 LEFEBVRE, JEAN-JACQUES, *Le Canada-L'Amérique. Géographique, historique,
     biographique, littéraire,* Montréal, Beauchemin, 1954. 438 p.
     [Dictionnaire encyclopédique, servant de *Supplément* au *Larousse canadien
     complet,* Montréal, Beauchemin, 1954. 856 p.]

147 LEGENDRE, NAPOLÉON, *Échos de Québec,* Québec, Augustin Côté, 1877.
     2 vol.
     « Quelques considérations sur la littérature et les beaux-arts dans la province
     de Québec », t. II, pp. 1–42
     [Publié d'abord dans *L'Opinion publique,* VII (1876) pp. 445–446, 458 et 477]

148   LÉGER, JULES, *Le Canada français et son expression littéraire,* Paris, Nizet
      et Bastard, 1938. 211 p.
      [Thèse présentée à la Faculté des Lettres de l'Université de Paris pour l'obten-
      tion du grade de docteur de l'Université]
      « Le Roman » [1860–1900], pp. 115–130

149   LE JEUNE, R.P. LOUIS-MARIE, o.m.i., *Dictionnaire général de biographie,*
      histoire, littérature, agriculture, commerce, industrie et des arts, sciences,
      mœurs, coutumes, institutions politiques et religieuses du Canada,
      [Ottawa], Université d'Ottawa, [1931]. 2 vol.

149a LEMIRE, MAURICE (ptre), « Les Grands Thèmes nationalistes du roman
      historique canadien-français », Québec, 1966. xxx, 348 f.
      [Thèse présentée à l'École des Gradués de l'Université Laval pour obtenir
      le doctorat ès lettres. « Bibliographie », pp. xi–xxx. Traite des thèmes
      « positifs » : la légende de l'Iroquoise, les missionnaires, les pionniers, les
      soldats; et « négatifs » : la déportation des Acadiens, la trahison de Bigot,
      l'option France ou Canada, la victoire morale, les guerres canado-améri-
      caines, les troubles de 1837]

150   LE MOINE, ROGER, « Le Roman historique au Canada français » dans *Le*
      Roman canadien-français: évolution, témoignages, bibliographie (voir
      no 183), pp. 69–87

151   LESAGE, JULES-SIMÉON, *Conférence sur la littérature canadienne* (prononcée
      devant le Cercle littéraire de Chambly, le 21 avril 1901), Québec,
      Léger Brousseau, 1901. 43 p.
      [Le roman et les légendes], pp. 27–29

152   ———, *Notes biographiques — Propos littéraires,* Montréal, Édouard
      Garand, [1931]. 257 p.
      « Ph.[-Joseph] A. de Gaspé », pp. 7–14
      « *Les Anciens Canadiens* », pp. 15–18
      « Joseph Marmette », pp. 53–61
      « P.-J.-O. Chauveau », pp. 101–109
      « Georges de Boucherville », pp. 110–117
      « *Jean Rivard le défricheur* [Antoine Gérin-Lajoie] », pp. 137–147
      « Napoléon Bourassa », pp. 148–156
      « Laure Conan », pp. 171–180
      « Edmond Rousseau », pp. 181–192

153   ———, *Propos littéraires (Écrivains d'hier),* 2ᵉ sér., Québec, L'Action
      catholique, 1933. 260 p.
      « Dr Chs Deguise », pp. 27–31
      « Napoléon Legendre », pp. 84–95

154   LESPÉRANCE, JOHN TALON, « The Literature of French Canada » dans
      Mémoires de la Société royale du Canada, I (1883), sect. 2, pp. 81–88
      « Novelists », pp. 84–85

155   « Littérature canadienne-française » dans le *Dictionnaire encyclopédique*
      Quillet, Paris, Aristide Quillet, 1955, [t. IV]; pp. 3253–3254

156   *Littérature et société canadiennes-françaises,* ouvrage réalisé sous la direc-
tion de FERNAND DUMONT et JEAN-CHARLES FALARDEAU. Deuxième
colloque de la revue *Recherches sociographiques* du Département
de Sociologie et d'Anthropologie de l'Université Laval. Québec, Les
Presses de l'université Laval, 1964. 272 p.
(No spécial de *Recherches sociographiques,* v, janvier-août 1964)
[Voir LAMONTAGNE, LÉOPOLD, no 135; VAN SCHENDEL, MICHEL, no 229;
WYCZYNSKI, PAUL, no 48]

157   McKENZIE, MARJORIE, « Canadian History in the French-Canadian
Novel », *Queen's Quarterly,* XXXIV (1926–1927) pp. 63–77 et 203–214

158   MACMECHAN, ARCHIBALD, *Headwaters of Canadian Literature,* Toronto,
McClelland & Stewart, [1924]. 247 p.
Chap. II: « In Quebec », pp. 53–94
Chap. IV: « In Montreal », pp. 145–185

159   MAHON, ROSE KATHRYN, « Les Mœurs et les coutumes rurales au Canada
français dans le roman canadien-français depuis les origines jusqu'à
1900 », Montréal, 1950. iv, 180 f.
[« Presented to the Faculty of Graduate Studies and Research of McGill
University for the degree of Master of Arts. » Dactylographiée. Chapitres sur
le surnaturel, le seigneur, l'habitant, les coutumes de la vie rurale, les fêtes.
Bibliographie, pp. 171–180]

MALCHELOSSE, GÉRARD. Voir AUDET, FRANCIS-JOSEPH et GÉRARD
MALCHELOSSE, no 52

160   MARCOTTE, GILLES, *Une littérature qui se fait; essais critiques sur la
littérature canadienne-française,* Montréal, Éds HMH, 1962. 293 p.
« Brève histoire du roman canadien-français », pp. 11–50
[Publiée d'abord dans les *Cahiers de l'Académie canadienne-française,* III;
voir no 49]

MARIE-VICTORIN, R.F. Voir FRÈRES DES ÉCOLES CHRÉTIENNES, no 114

161   MARION, SÉRAPHIN, *Les Lettres canadiennes d'autrefois,* Ottawa, Éds de
l'Université, 1939–1958. 9 vol.
Au t. IV: Chap. I: « Le Roman et le Canada français du XIXe siècle », pp.
13–45
[Publié d'abord dans la *Revue de l'Université d'Ottawa,* XIII (1943) pp. 274–
288 et 417–430]
Chap. II: « Nos trois premiers romans », pp. 47–89
[Publié d'abord dans les *Cahiers de l'École des Sciences sociales, politiques et
économiques de Laval,* II no 5 (1943) 46 p.]

162   ——, « Les Lettres canadiennes-françaises en 1848 », *Le Travailleur*
(Worcester), XIX, nos des 27 janvier et 3 février (1949)
[Conférence prononcée lors des fêtes du centenaire de l'Institut canadien de
Québec]

163   ——, *Origines littéraires du Canada français,* Ottawa, Éds de l'Université,
1951. 171 p.
Chap. II: « Nos trois premiers romans », pp. 31–70

164 MASSICOTTE, ÉDOUARD-ZOTIQUE, *Conteurs canadiens-français du XIXᵉ siècle*, Montréal, C. O. Beauchemin & fils, 1902. viii, 330 p.
(Autres éds en 1908 et 1913)
« L'Étranger » [Philippe-Ignace-François Aubert de Gaspé], pp. 3–12
« L'Homme du Labrador » [Philippe-Ignace-François Aubert de Gaspé], pp. 13–23
« Une nuit chez les sorciers » [Philippe-Joseph Aubert de Gaspé], pp. 35–45
« L'Aventure de David Larouche » [Philippe-Joseph Aubert de Gaspé], pp. 47–52

MAUREL, CHARLES [pseud.]. Voir POULIOT, MARIA, no 171

MONTPETIT, ÉDOUARD. Voir LAROQUE DE ROQUEBRUNE, ROBERT et ÉDOUARD MONTPETIT, no 140a

165 MORGAN, HENRY JAMES, *Bibliotheca Canadensis, or a Manual of Canadian Literature*, Ottawa, G. E. Desbarats, 1867. xiv, 411 p.

166 ——, *The Canadian Men and Women of the Time...*, First Edition, Toronto, William Briggs, 1898. xii, 1117 p.
(Second Edition, 1912. xx, 1218 p.)

167 O'HAGAN, THOMAS, *Canadian Essays, Critical and Historical*, Toronto, William Briggs, 1901. viii, 222 p.
« French-Canadian Life and Literature », pp. 104–121
[Publié d'abord dans *Catholic World* (New York), LXXII no 431 (February 1901) pp. 628–637]

168 ——, *Intimacies in Canadian Life and Letters*, Ottawa, Graphic Publishers, 1927. 94 p.
« Some French-Canadian Prose Writers », pp. 69–80

169 O'LEARY, DOSTALER, *Le Roman canadien-français (Étude historique et critique)*, [Montréal], Le Cercle du Livre de France, [1954]. 195 p.
Chap. II: « Nos premiers romans », pp. 39–51

Oxford Companion to Canadian History and Literature, The. Voir STORY, NORAH, no 216a

PARK, JULIAN (comp.), *The Culture of Contemporary Canada.* Voir WADE, MASON, no 233

170 PIERCE, LORNE, *An Outline of Canadian Literature (French and English)*, Toronto, The Ryerson Press; Montréal, Carrier, 1927. [viii], 251 p.
« French-Canadian Novelists », pp. 17–23

170a PLASTRE, GUY, « Une constante de la littérature canadienne: le thème de la survivance française dans le roman canadien », Montréal, 1954. xv, 128 f.
[Thèse présentée à la Faculté des Lettres de l'Université de Montréal pour l'obtention du grade de maître ès arts. « Bibliographie », pp. vii–xv. Étude l'attitude des romanciers envers le sol (la ville; le défrichement et la culture; l'industrie et le commerce), les Anglais, les Français et la religion]

171 POULIOT, MARIA [pseud. CHARLES MAUREL], *Nos héros de roman*, Québec, [Le Canada français], 1946. 34 p.
[Tirage à part, avec changement de pagination, d'un article paru dans *Le Canada français*, XXXIII (1945-1946) pp. 43–50, 106–113, 263–270 et 342–351]

172 PUIBUSQUE, LOUIS-ADOLPHE DE, « De la littérature française au Canada... »
     L'Union (Paris), nos 211, 213 et 214 (27, 29 et 30 juillet 1855). Reproduit
     dans *Le Canadien*, XXV no 47 (27 août 1855) pp. 1–2
     [Le troisième article est consacré au *Charles Guérin* de P.-J.-O. Chauveau]

173 *Les Quarante Ans de la Société historique franco-américaine, 1899–1939*,
     Boston, [s.éd., 1940]. 878 p.
     « Le Portrait de M. de Gaspé... », p. 227
     « Laure Conan, notre première romancière canadienne », pp. 234–235

     Quillet, Dictionnaire encyclopédique. Voir « Littérature canadienne-
     française », no 155

174 RAMEAU DE SAINT-PÈRE, EDME, « La Littérature canadienne » dans *Congrès
     bibliographique international, tenu à Paris du 1ᵉʳ au 4 juillet 1878...
     Compte rendu des travaux*, Paris, La Société bibliographique, 1879, pp.
     213–219

     The Reader's Encyclopedia of American Literature. Voir SYLVESTRE, GUY,
     no 221

175 RENAUD, ANDRÉ, « L'Héroïne du roman canadien et l'expérience de
     l'amour » dans *Le Roman canadien-français; évolution, témoignages,
     bibliographie* (voir no 183), pp. 183–196

     Le Répertoire national. Voir HUSTON, JAMES (comp.), no 129

176 RÉVEILLAUD, EUGÈNE, *Histoire du Canada et des Canadiens français*, Paris,
     Grassart, [1884]. 551 p.
     « Appendice: La Langue et la Littérature françaises au Canada », pp. 521–543
     [Publié d'abord dans la *Bibliothèque universelle et Revue suisse*, XIX no 56
     (août 1883) pp. 311–335]

177 RHODENIZER, VERNON BLAIR, *A Handbook of Canadian Literature*, Ottawa,
     Graphic Publishers, 1930. 295 p.
     Chap. 31 : « French-Canadian Literature », pp. 251–260

178 RINFRET, FERNAND, « L'Effort littéraire du Canada français » dans *Mémoires
     de la Société royale du Canada*, 3ᵉ sér., XIII (1919), sect. 1, pp. 101–112
     [Reproduit en abrégé dans *France-Amérique* (Paris), XIV (1919) pp. 340–342]

179 ROBERTS, CHARLES G. D. and ARTHUR L. TUNNEL (comp.), *A Standard
     Dictionary of Canadian Biography. The Canadian Who Was Who*,
     Toronto, Trans-Canada Press, 1934. 2 vol.

180 ROBIDOUX, RÉJEAN, o.m.i., « *Les Soirées canadiennes* et *Le Foyer canadien*
     dans le mouvement littéraire québécois de 1860* », Québec, 1957. xvi,
     148 f.
     [Thèse présentée à l'École des Gradués de l'Université Laval pour obtenir le
     diplôme d'études supérieures en littérature. Dactylographiée. Bibliographie,
     pp. vi–xvi. Excellente étude, qui offre aux pp. 35–36 une chronologie de la
     composition des *Anciens Canadiens* de Philippe-Joseph Aubert de Gaspé]

181 ———, « *Les Soirées canadiennes* et *Le Foyer canadien* dans le mouve-
     ment littéraire québécois de 1860 », *Revue de l'Université d'Ottawa*,
     XXVIII (1958) pp. 411–452
     [Extrait de la thèse précédente]

182   ——, « Fortunes et infortunes de l'abbé Casgrain », *Revue de l'Université d'Ottawa*, XXXI (1961) pp. 209–229
       [Romans canadiens distribués en prix dans les écoles]

183   *Le Roman canadien-français; évolution, témoignages, bibliographie*, Montréal et Paris, Fides, [c. 1964]. 458 p.
       (Archives des lettres canadiennes, t. III)
       [Voir : HARE, JOHN E., no 28; HAYNE, DAVID M., no 125; LE MOINE, ROGER, no 150; RENAUD, ANDRÉ, no 175; WYCZYNSKI, PAUL, no 239]

       ROQUEBRUNE, ROBERT LAROQUE DE. Voir LAROQUE DE ROQUEBRUNE, ROBERT, nos 139–140a

184   ROSE, GEORGE MACLEAN, *A Cyclopedia of Canadian Biography, Being Chiefly Men of the Time*, Toronto, Rose, 1886–1888. 2 vol.

185   ROSS, MALCOLM, « Canada. Literature » dans *Encyclopedia Americana*, Canadian edition, Montréal, Toronto, Vancouver, Winnipeg, Americana Corporation of Canada, 1958, t. V, pp. 430–436

186   ROSSEL, VIRGILE, *Histoire de la littérature française hors de France*, Lausanne, F. Payot, 1895. xv, 531 p.
       « Livre troisième : Le Canada », pp. 281–354, surtout pp. 332–343 sur le roman et la nouvelle

187   ROUTHIER, ADOLPHE-BASILE, *Causeries du dimanche*, Montréal, C.-O. Beauchemin & Valois, 1871. xii, 294 p.
       « M. Joseph Marmette (*François de Bienville*) », pp. 249–270

188   ——, « Introduction » dans *Le Répertoire national*, 2ᵉ éd. (voir no 129), pp. ix–xliv
       [Les premiers romanciers et nouvellistes sont mentionnés aux pp. xxxvi–xxxviii]

189   ——, *Conférences et Discours*, 2ᵉ sér., Montréal, Beauchemin, 1904. 426 p.
       « Éloge de l'hon. M. P.-J.-O. Chauveau, prononcé en 1890 à l'Université Laval », pp. 31–45
       « Autre éloge de l'hon. M. P.-J.-O. Chauveau, publié dans *Le Canada-français* en 1890 », pp. 47–60
       [Publié d'abord dans *Le Canada-français*, III (1890) pp. 340–349]

190   ROY, Mgr CAMILLE, *Tableau de l'histoire de la littérature canadienne-française*, Québec, L'Action sociale, 1907. 89 p.
       (Une autre éd., Québec, 1911. 89 p.)
       « Le Roman », pp. 49–55

191   ——, « La Littérature canadienne-française », *France-Canada* (supplément de *France-Amérique*), (octobre 1912) pp. 37–43

192   ——, *French-Canadian Literature*, Toronto, Glasgow, Brook, 1913
       [Tirage à part du t. XII, pp. 435–489, de *Canada and Its Provinces...*, by One Hundred Associates, edited by ADAM SHORTT and ARTHUR G. DOUGHTY, Edinburgh Edition, printed by T. & A. Constable at the Edinburgh University Press for the Publishers Association of Canada, Toronto, 1914–1917. 23 vol.]

193 ——, *Nouveaux essais sur la littérature canadienne,* Québec, L'Action sociale, 1914. 390 p.
« *Les Anciens Canadiens* » [Philippe-Joseph Aubert de Gaspé], pp. 1–63
« *Jean Rivard* » [Antoine Gérin-Lajoie], pp. 84–134

194 ——, *A l'ombre des érables; hommes et livres,* Québec, L'Action sociale, 1924. 348 p.
« Pamphile LeMay », pp. 9–27
[Publié d'abord dans *Le Canada français,* I (1918–1919) pp. 30–42]
« L'Œuvre de P. LeMay », pp. 28–62
[Publié d'abord dans *Le Canada français,* XI (1923–1924) pp. 485–506]
« Napoléon Legendre », pp. 107–120
« Notre patriotisme littéraire en 1860 », pp. 313–348
[Publié d'abord dans le Bulletin du parler français au Canada, XIV (1915–1916) pp. 51–58, 99–110]

195 ——, *Études et Croquis,* Montréal, Louis Carrier, 1928. 252 p.
« Notre langue et nos traditions : une leçon des *Anciens Canadiens* » [Philippe-Joseph Aubert de Gaspé], pp. 84–91
« Les Mœurs canadiennes dans *Jean Rivard* [Antoine Gérin-Lajoie], pp. 123–144

196 ——, *Histoire de la littérature canadienne,* nouv. éd. revue et mise au jour, Québec, L'Action sociale, 1930. 310 p.
« Le Roman » [1860–1900], pp. 97–114

197 ——, *Morceaux choisis d'auteurs canadiens,* Montréal, Beauchemin, 1934. 443 p.
« Le Roman » [1860–1900], pp. 135–160

198 ——, *Historiens de chez nous* (Études extraites des *Essais* et *Nouveaux Essais sur la littérature canadienne*), Montréal, Beauchemin, 1935. 190 p.
« Notre histoire et notre littérature », pp. 177–190

199 ——, *Romanciers de chez nous* (Études extraites des *Essais* et *Nouveaux Essais sur la littérature canadienne*), Montréal, Beauchemin, 1935. 196 p.
« Ph.[-Joseph] Aubert de Gaspé : *Les Anciens Canadiens* », pp. 11–62
« Antoine Gérin-Lajoie : *Jean Rivard* », pp. 63–104
« Laure Conan : *L'Oublié* », pp. 105–119

200 ——, *Pour conserver notre héritage français* (Études extraites des *Essais* et *Nouveaux Essais sur la littérature canadienne*), Montréal, Beauchemin, 1937. 185 p.
« Notre littérature nécessaire », pp. 151–161
« La Leçon utile du centenaire de Gérin-Lajoie », pp. 174–185

201 ——, « L'Évolution du roman canadien-français », *L'Action catholique,* XXXII no 10,100 (4 octobre 1939) p. 4 et no 10,101 (5 octobre 1939) p. 4
[Reproduit dans *Le Droit,* XXVII no 239 (14 octobre 1939) p. 13 et no 245 (21 octobre 1939) p. 9. Étude présentée au septième congrès de la Langue et la Littérature françaises de la Fédération de l'Alliance française, à New York, le 21 septembre 1939]

202 ———, *Manuel d'histoire de la littérature canadienne de langue française,* 10ᵉ éd. revue et corrigée par l'auteur, Montréal, Beauchemin, 1945. 201 p.
« Le Roman » [1860-1900], pp. 70-77

203 ———, « Canadian Literature (in French) » dans *Encyclopaedia Britannica,* Chicago, London, Toronto, Encyclopaedia Britannica, Inc., [1952], t. IV, pp. 717-718

204 Roy, JOSEPH-EDMOND, *Histoire du notariat au Canada depuis la fondation de la colonie jusqu'à nos jours,* Lévis, La Revue du Notariat, 1899-1902. 4 vol.
« Patrice Lacombe », t. III, pp. 85-87
« Eugène L'Écuyer », t. III, pp. 87-89

205 Roy, PIERRE-GEORGES, *Fils de Québec,* Lévis, [s.éd.], 1933. 4 vol.
« Philippe-Joseph Aubert de Gaspé », t. III, pp. 32-34
« L'Abbé Louis-Édouard Bois », t. III, pp. 182-184
« Philippe-Ignace-François Aubert de Gaspé », t. III, p. 192
« Pierre-Georges Boucher de Boucherville », t. IV, pp. 1-2
« L'Honorable Pierre-Joseph-Olivier-Chauveau », t. IV, pp. 39-41

205a ———, *Les Avocats de la région de Québec,* Lévis, [s.éd.], 1936. [iv], 487 p.
« Hector Berthelot », pp. 40-41
« Pierre-Georges Boucher de Boucherville », p. 55
« L'Hon. Pierre-Joseph Olivier Chauveau », p. 93
« Philippe-Joseph Aubert de Gaspé », pp. 190, 460-461
« Napoléon Legendre », pp. 266-267
« Léon-Pamphile Lemay », p. 268

205b ———, *Toutes Petites Choses du régime anglais,* Québec, Garneau, 1946. 2 vol.
« Gérin-Lajoie et l'abbé Ferland », t. II, pp. 145-146
« Le Docteur Charles Deguise », t. II, pp. 199-200
« *Les Anciens Canadiens* de M. de Gaspé », t. II, pp. 270-271
« La Jeunesse de Jules-Paul Tardivel », t. II, p. 293
« La *Vie de Tardivel* par Mgr Fèvre », t. II, p. 294

206 RoYER, FRANCE M., « Contes populaires et légendes de la Province de Québec », Montréal, 1943. 124 f.
[Thèse. « Presented to the Faculty of Graduate Studies and Research of McGill University for the degree of Master of Arts. » Dactylographiée. Étude de la tradition orale et folklorique]

207 RUMILLY, ROBERT, *Histoire de la Province de Québec,* Montréal, Bernard Valiquette, 1940- [t. 35 en 1966]
[P.-J.-O. Chauveau], t. I, *passim*
[Joseph Doutre], t. I, pp. 130-134, 340-346; t. II, pp. 14-17

208 SADLIER, ANNA T., « French-Canadian Men of Letters », *Catholic World* (New York), XXXVII no 217 (April 1883) pp. 104-119

209 SAINT-JEAN DOMINIQUE, Sr, c.n.d. [LUCIENNE BERTRAND], « La Nouvelle-France dans le roman canadien (1608-1701) », Montréal, 1951. v, 117 f.
[Thèse présentée à la Faculté des Lettres de l'Université de Montréal pour

28	BIBLIOGRAPHIE CRITIQUE DU ROMAN CANADIEN-FRANÇAIS

l'obtention du grade de maître ès arts. Polycopiée. Étude de cinq romans, dont *A l'œuvre et à l'épreuve* (pp. 1–23) et *L'Oublié* (pp. 47–66) de Félicité Angers, et *Le Chevalier de Mornac* (pp. 90–112) de Joseph Marmette]

210 SAINT-MAURICE, NARCISSE-HENRI-ÉDOUARD FAUCHER DE. Voir FAUCHER DE SAINT-MAURICE, NARCISSE-HENRI-ÉDOUARD, no 108

211 SAMARYS, « Causerie littéraire », *L'Opinion publique,* x (1879) p. 301
[Le roman naît à peine au Canada]

SHORTT, ADAM and ARTHUR G. DOUGHTY. Voir ROY, Mgr CAMILLE, no 192

212 SOEURS DE SAINTE-ANNE, *Précis d'histoire des littératures française, canadienne-française, étrangères et anciennes,* Lachine, Procure des missions des Sœurs de Saint-Anne, 1925. 478 p.
(Une autre éd., Lachine, 1931. 516 p.)
« Romanciers » [1860–1900], pp. 207–215

213 ———, *Précis d'histoire littéraire. Littérature canadienne-française,* Lachine, Procure des missions des Sœurs de Sainte-Anne, 1928. 336 p.
« Romanciers » [1860–1900], pp. 78–88
[Remaniement de l'ouvrage précédent]

214 ———, *Histoire des littératures française et canadienne,* 3ᵉ éd. refondue et mise à jour, Lachine, Procure des missions des Sœurs de Sainte-Anne, 1951. 602 p.
« Roman », pp. 392–394, 415–425, 484–502

215 STEWART, GEORGE, Jr., « Literature in Canada » dans *Canadian Leaves; History, Art, Science, Literature, Commerce. A Series of Papers Read before the Canadian Club of New York,* New York, Napoleon Thompson, 1887, pp. 129–144

216 ———, « Literature in French Canada », *The New England Magazine,* New Series, III no 1 (September 1890) pp. 16–20

216a STORY, NORAH, *The Oxford Companion to Canadian History and Literature,* Toronto, London, New York, Oxford University Press, 1967. [xx], 935 p.
« Angers, Félicité », pp. 20–21
« Aubert de Gaspé, Philippe-Ignace-François », p. 39
« Aubert de Gaspé, Philippe-Joseph », pp. 39–40
« Beaugrand, Honoré », pp. 56–57
« Bourassa, Napoléon », pp. 89–90
« Chevalier, Émile », p. 171
« Doutre, Joseph », p. 223
« Fiction in French », pp. 269–274
« Gérin-Lajoie, Antoine », pp. 312–313
« Marmette, Joseph-Étienne-Eugène », p. 514
« Tardivel, Jules-Paul », pp. 790–791

217 SULTE, BENJAMIN, « French-Canadian Literature and Journalism » dans J. CASTELL HOPKINS (comp.), *Canada. An Encyclopedia of the Country...,* Toronto, Linscott, [1898–1900], t. V, pp. 136–146

218 ———, « The Beginnings of French-Canadian Literature », *The Canadian Magazine,* XXV (1905) pp. 483–489
[Photos de Philippe-Joseph Aubert de Gaspé et de P.-J.-O. Chauveau]

219 SYLVESTRE, GUY, « La Naissance de nos lettres » dans *Mémoires de la Société royale du Canada,* 3ᵉ sér., XLV (1951), sect. 1, pp. 71–78

220 ———, « Literature: French Language » dans *Encyclopedia Canadiana,* Ottawa, The Canadiana Company, [1958], t. VI, pp. 173–179

221 ———, « Canadian Literature in French » dans *The Reader's Encyclopedia of American Literature,* New York, Thomas Y. Crowell Company, [1962], pp. 144–148

221a ———, BRANDON CONRON et CARL F. KLINCK, (comp.), *Canadian Writers. Écrivains canadiens. A Biographical Dictionary... Un dictionnaire biographique...,* Toronto, The Ryerson Press, [1964]. xvi, 163 p.
« Tableau chronologique, 1608–1960 », pp. ix–xvi
« Philippe Aubert de Gaspé », p. 3
« Georges Boucher de Boucherville », p. 10
« P. J. O. Chauveau », p. 24
« Laure Conan », p. 27
« Antoine Gérin-Lajoie », p. 51
« Pamphile Lemay », p. 81

222 TARDIVEL, JULES-PAUL, *Mélanges, ou recueil d'études religieuses, sociales, politiques et littéraires,* t. I, Québec, Imprimerie de la Vérité, 1887; t. II, Québec, Imprimerie de L.-J. Demers & frère, 1901; t. III, Québec, Imprimerie de S.-A. Demers, 1903
« *Le Pèlerin de Sainte-Anne* » [Pamphile LeMay], t. I, pp. 219–233
« *Charles Guérin* » [P.-J.-O. Chauveau], t. II, pp. 301–307

223 TAYLOR, MARGARET ELLEN BRESEE, « Le Roman historique canadien-français des origines jusqu'à 1914 », Montréal, 1942. 142 f.
[Thèse présentée à McGill University pour l'obtention de la maîtrise ès arts. Dactylographiée]
Chap. II : « Le Roman historique dans la littérature canadienne-française », pp. 9–16
Chap. III : « Les Grandes Œuvres du roman historique au Canada », pp. 17–69
Chap. IV : « Œuvres secondaires », pp. 70–118
Chap. V : « L'Histoire dans le roman canadien-français », pp. 119–128

224 THERRIAULT, Sr MARY-CARMEL, s.m., *La Littérature française de Nouvelle-Angleterre,* Montréal, Fides, Publications de l'Université Laval, [1946]. 324 p. (« L'Hermine »)
« Le Roman, le Conte, la Nouvelle », pp. 233–245

225 TOUGAS, GÉRARD, *Histoire de la littérature canadienne-française,* deuxième éd. revue et augm., Paris, Presses universitaires de France, 1964. xii, 312 p.
(Trad. anglaise: *History of French Canadian Literature.* Second Edition.)

Translated by ALTA LIND COOK. Toronto, The Ryerson Press, [1966].
[xii], 301 p.)
« Le Roman (1845-1865) », pp. 31-37
« Le Roman (1865-1899) », pp. 57-60

226 TRUDEL, MARCEL, *L'Influence de Voltaire au Canada,* Montréal, Fides,
Publications de l'Université Laval, [1945]. 2 vol.
[Allusions, *passim,* à plusieurs romanciers canadiens]

227 TUCHMAÏER, HENRI S., « Évolution de la technique du roman canadien-
français », Québec, 1958. xlviii, 369 f.
[Thèse présentée à l'École des Gradués de l'Université Laval pour obtenir le
grade de docteur de l'Université. Dactylographiée. Excellente bibliographie,
pp. xi–xlii]

228 ———, « L'Évolution du roman canadien », *La Revue de l'Université
Laval,* XIV (1959-1960) pp. 131-143, 235-247
[Extrait de la thèse précédente]

TUNNEL, ARTHUR L. Voir ROBERTS, CHARLES G. D. and ARTHUR L.
TUNNEL, no 179

229 VAN SCHENDEL, MICHEL, « L'Amour dans la littérature canadienne-
française » dans *Littérature et société canadiennes-françaises* (voir no
156), pp. 153-165
[Le thème de l'amour dans les premiers romans canadiens, pp. 155-159]

230 VIATTE, AUGUSTE, *Histoire littéraire de l'Amérique française des origines à
1950,* Québec, Presses Universitaires Laval; Paris, Presses Universitaires
de France, 1954. xi, 545 p.
« Première partie : Canada », pp. 45-216
[Cf. A. Viatte, « Histoire et critique littéraires », *La Revue de l'Université
Laval,* IX (1954-1955) pp. 417-420, pour la méthode adoptée par l'auteur]

231 ———, « Canada » dans *Histoire des littératures,* volume publié sous la
direction de RAYMOND QUENEAU, Paris, Gallimard, [1958], t. III, pp.
1385-1390 (*Encyclopédie de la Pléiade*)

231a ———, « Littérature canadienne-française » dans *Histoire générale des
littératures,* sous la direction de PIERRE GIOAN, Paris, Aristide Quillet,
1961, t. III, pp. 506-516, 716-720

232 WADE, MASON, *The French Canadians, 1760-1945,* Toronto, Macmillan,
1956. xvi, 1136 p.
(Trad. française: *Les Canadiens français de 1760 à nos jours,* [Montréal],
Le Cercle du Livre de France, [1963]. 2 vol.)
[P.-J.-O. Chauveau et Antoine Gérin-Lajoie], pp. 291-296

233 ———, « The Culture of French Canada » dans JULIAN PARK (comp.),
The Culture of Contemporary Canada, Ithaca, Cornell University Press,
[1957], pp. 367-395

234 WALLACE, WILLIAM STEWART, *The Dictionary of Canadian Biography,*
Toronto, Macmillan, 1926. 433 p.

(Second Edition, Revised and Enlarged, Toronto, Macmillan, 1945. 2 vol.)

(Third Edition: *The Macmillan Dictionary of Canadian Biography,* Toronto, Macmillan, 1963. [iv], 822 p.)

235 ————, *A Dictionary of North American Authors Deceased before 1950,* Toronto, The Ryerson Press, [1951]. viii, 525 p.

236 WARD, CHARLES FREDERICK, *The Récit and Chronique of French Canada,* Montréal, G. Ducharme, [1921]. 44 p.

237 WARWICK, JACK, « Les « Pays d'en haut » dans l'imagination canadienne-française », *Études françaises,* II (1966) pp. 265–293

237a ————, *The Long Journey: Literary Themes of French Canada,* University of Toronto Press, [1968]. [xi], 172 p.
(« University of Toronto Romance Series », 12)
[Version remaniée d'une thèse de doctorat en philosophie présentée en 1963 à l'University of Western Ontario, London, Ontario, sous le titre de « The Journey in French-Canadian Literature ». xi, 382 f.]
Chap. III : « Empire » [le thème du *rayonnement* au XIXᵉ siècle], pp. 48–70

237b WILSON, JAMES GRANT et JOHN FISKE (comp.), *Appleton's Cyclopaedia of American Biography,* New York, D. Appleton, 1887–1889, 4 vol.
« Pierre-Joseph-Olivier Chauveau », t. I, pp. 594–595
« Léon Pamphile Lemay », t. III, p. 684
« Julius Paul Tardivel », t. IV, p. 34

238 WOOD, WILLIAM, « French-Canadian Literature » dans *Encyclopaedia Britannica,* 11ᵉ éd., Cambridge, at the University Press, 1910, t. V, pp. 167–168

239 WYCZYNSKI, PAUL, « Panorama du roman canadien-français » dans *Le Roman canadien-français; évolution, témoignages, bibliographie* (voir no 183), pp. 11–35
[Petite histoire du roman canadien-français depuis ses origines]

Auteurs

ANGERS, MARIE-LOUISE-FÉLICITÉ (pseud. LAURE CONAN)
(La Malbaie, 9 janvier 1845–Québec, 6 juin 1924)

ANGÉLINE DE MONTBRUN

240   1881. En feuilleton dans *La Revue canadienne*, XVII no 6–XVIII no 8 (juin 1881–août 1882)

241   1884. Angéline de Montbrun, par Laure Conan. Québec, Imprimerie Léger Brousseau, 9, rue Buade, 1884. 343 p.
« Étude sur *Angéline de Montbrun* » par l'abbé H.-R. CASGRAIN, pp. [5]–24, avec une note : « Cette étude avait été préparée pour être lue dans une séance de la Société Royale qui devait se tenir au commencement du mois de novembre de cette année (1883), mais qui n'a pas eu lieu. »
Bibliothèques : BVAU, OONL, OOU, OTP, QMBM, QMSS, QMU, QQA, QQL, QQLa

242   1886. Angéline de Montbrun, par Laure Conan. Québec, J.-A. Langlais, Libraire-Éditeur, 177, rue St-Joseph, St-Roch, 1886. 343 p.
« Étude sur *Angéline de Montbrun* » par l'abbé H.-R. CASGRAIN, pp. [5]–24
Bibliothèques : OKQ, OONL, OOSJ, OOU, QMBM, QMSS, QQA, QQLa

243   1894. Extrait, « Au sortir du bal », *Le Monde illustré*, XI (1894) p. 124

244   1905. Laure Conan. Angéline de Montbrun. [citation]. Lacordaire. Troisième édition, revue et corrigée. Québec, Ed. Marcotte, Imprimeur-Relieur, 1905. 277 p.
« A Madame Th. Bentzon... », p. [5]
[Th. Bentzon est le pseud. de Mme Thérèse Blanc, 1840–1907, femme auteur française]
[Texte sensiblement remanié. Voir no 312]
Bibliothèques : OTP, OTU, QMBM, QMU, QQA, QQLa

245   1919. Laure Conan. Angéline de Montbrun. [citation]. Lacordaire. Cinquième édition. Beauceville, « L'Éclaireur », ltée, Éditeur, 1919. 286 p.
[Nous n'avons trouvé aucune trace d'une 4e éd.]
Bibliothèques : OKQ, QQL, SSU

246   1934. Extrait, « Rêveries: Journal d'Angéline » dans Mgr Camille Roy, *Morceaux choisis d'auteurs canadiens* (voir no 197), pp. 156–159

247   1950. Laure Conan. Angéline de Montbrun. Préface de Bruno Lafleur. Fides, 25 est, rue Saint-Jacques, Montréal; Sao Paulo, Paris, Chicago,

1950. 191 p. (Coll. du Nénuphar; les meilleurs auteurs canadiens, no 10)

« Préface » par Bruno Lafleur, pp. 7–18

Bibliothèques : BVAU, NBFU, OKR, OTP, QMBM, QMU, QQL, QQLa, SSU

248   1960. Extraits dans *Laure Conan,* textes choisis et présentés par Micheline Dumont, Montréal, Paris, Fides, [1960], pp. 25–47

249   1963, 1965, etc. [Réimpressions de l'éd. de 1950]

A L'ŒUVRE ET A L'ÉPREUVE

250   1891. Laure Conan. A l'œuvre et à l'épreuve. Québec, Imprimé par C. Darveau, 80 à 84, rue de la Montagne, 1891. 286 [287] p.

« Errata », p. [287]

Bibliothèques : OOCC, OONL, OOU, OTP, QMM, QMSS, QMU, QQA, QQL, QQLa

251   1893. A l'œuvre et à l'épreuve; un héros de la Nouvelle-France, par Laure Conan. Nouvelle édition, revue et corrigée. Québec, Pruneau et Kirouac, 28, rue de la Fabrique, 28; Paris, V. Retaux et fils, 82, rue Bonaparte, 82. 1893. 271 p.

« A Son Altesse Royale, Madame la Princesse Marguerite d'Orléans, Princesse Czartoryska », p. [iii]

Bibliothèques : OTP, QMBM, QQL

252   1909. The Master Motive, a Tale of the Days of Champlain, by Laure Conan. Translated from the French by Theresa A. Gethin. St. Louis, Mo., 1909. Published by B. Herder, 17 South Broadway. Freiburg (Baden), B. Herder; London and Edinburgh, Sands & Co. 254 p.

[Theresa A. Gethin est le pseud. du R.P. Edward James Devine, s.j.]

Bibliothèques : LC

253   1914. Laure Conan. A l'œuvre et à l'épreuve. Montréal, Librairie Beauchemin, limitée, 79, rue Saint-Jacques, 1914. 237 p.

(Bibliothèque canadienne, collection Maisonneuve, no 519 B)

Bibliothèques : BVAU, OONL, OOU, QMM

254   1924. Laure Conan. A l'œuvre et à l'épreuve. Montréal, Librairie Beauchemin, limitée, 30, rue St-Gabriel, 1924. 202 p.

(Bibliothèque canadienne, collection Maisonneuve, no 519 B)

Bibliothèques : OKQ, OOSU, OTU, QMSS

255   1930. Laure Conan. A l'œuvre et à l'épreuve. Montréal, Librairie Beauchemin, limitée, 430, rue St-Gabriel, 1930. 202 p.

(Bibliothèque canadienne, collection Maisonneuve, no 519 B)

Bibliothèques : QMBM

256   1936, etc. Laure Conan. A l'œuvre et à l'épreuve. Montréal, Librairie Beauchemin, limitée, 430, rue Saint-Gabriel, 430. 1936. 219 p.

(No 1533 en face de la p.-t.)

Bibliothèques : OKQ, QMSS

[De nombreuses réimpressions de cette édition ont paru, portant les dates 1943, 1945, 1948, 1951, 1953, 1958, etc.]

257   1960. Extraits dans *Laure Conan,* textes choisis et présentés par Micheline Dumont, Montréal, Paris, Fides, [1960], pp. 47–54

L'OUBLIÉ

258   1900. En feuilleton dans *La Revue canadienne,* XXXVI no 6–XL no 2 (juin
      1900–juillet 1901) sous le titre: *Les Colons de Ville-Marie. L'Oublié*

259   1900. Laure Conan. L'Oublié. Montréal, La Cie de publication de la
      Revue canadienne, 290, rue de l'Université, 1900. 183 p.
      « A Monsieur Kleczkowski, Consul Général de France dans la Puissance du
      Canada », [au verso de la p.-t.]
      [La couverture porte la date : 1901]
      Bibliothèques : OONL, QMSS, QQLa

260   1902. Laure Conan. L'Oublié. Montréal, C. O. Bfauchemin [*sic*] & fils,
      Lib.-Imprimeurs, 256, rue Saint-Paul, 1902. xx, 242 p.
      « A Monsieur Kleczkowski... », [page non numérotée après la p.-t.]
      « Préface » par l'abbé Gustave Bourassa, pp. [i]–xx
      Bibliothèques : OTP, QMSS, QQA, QQL, QQLa

261   1902. Extrait, « Une page de *L'Oublié* » [la visite à l'Iroquois blessé], *Le
      Journal de Françoise,* [I] (1902) pp. 188–189

262   1904. Laure Conan. L'Oublié. Ouvrage couronné par l'Académie française.
      Illustrations de M. Antigna. Troisième édition. Montréal, Librairie
      Beauchemin (à responsabilité limitée), 256, rue Saint-Paul, 1904. xx,
      238 p.
      « A monsieur Kleczkowski... », [page non numérotée après la p.-t.]
      « Préface de la seconde édition », pp. [i]–xx
      Bibliothèques : OONL, QMBM, QMSS, QQLa

263   1910. Laure Conan. L'Oublié. Ouvrage couronné par l'Académie française.
      Illustrations de M. Antigna. Quatrième édition. Montréal, Librairie
      Beauchemin limitée, 79, rue St-Jacques, 1910. xx, 238 p.
      « A Monsieur Kleczkowski... », [page non numérotée après la p.-t.]
      « Préface de la seconde édition », pp. [i]–xx
      Bibliothèques : OOU

264   1914. Laure Conan. L'Oublié. Ouvrage couronné par l'Académie française.
      Cinquième édition. Montréal, Librairie Beauchemin, limitée, 79, rue
      Saint-Jacques, 1914. 139 p.
      (Bibliothèque canadienne, collection Laval, no 608 B)
      « A Monsieur Kleczkowski... », p. [11]
      « Préface de la seconde édition », pp. [13]–26
      Bibliothèques : BVA, BVAU, OOSJ, OOU, OTP

265   1917. Laure Conan. L'Oublié. Ouvrage couronné par l'Académie française.
      Illustrations de M. Antigna. Cinquième [*sic*] édition. Montréal,
      Librairie Beauchemin, limitée, 79, rue Saint-Jacques, 79. 1917. xx,
      238 p.
      « A Monsieur Kleczkowski... », [page non numérotée après la p.–t.]
      « Préface de la seconde édition », pp. [i]–xx
      Bibliothèques : OONL

266   [s.d.]. Laure Conan. L'Oublié. Ouvrage couronné par l'Académie française.
      Illustrations de M. Antigna. Montréal, Librairie Beauchemin, limitée,
      79, rue Saint-Jacques, 79. xx, 238 p.

« A Monsieur Kleczkowski... », [page non numérotée après la p.–t.]
« Préface de la seconde édition », pp. [i]–xx
Bibliothèques : OTU, QQA, SSU

267   1921. Dramatisation inédite, *Aux jours de Maisonneuve,* tirée de *L'Oublié*
par l'auteur et présentée au Monument national (Montréal) le 21 mars
1921.
« Une copie dactylographiée est conservée à la Malbaie parmi les souvenirs
de M. Roland Gagné » (voir no 302, p. 18 *note*, et pp. 88–90)

268   1925. Laure Conan. L'Oublié. Ouvrage couronné par l'Académie française.
Sixième édition. Montréal, Librairie Beauchemin, limitée, 30, rue
St-Gabriel, 1925. 124 p.
(Bibliothèque canadienne, collection Laval, no 608 B)
« A Monsieur Kleczkowski... », [page non numérotée qui précède la p.–t.]
« Préface de la seconde édition », pp. [13]–22
Bibliothèques : OKQ, OONL, QMBM, QMG, QMSS

269   1930. Laure Conan. L'Oublié. Ouvrage couronné par l'Académie française.
Septième édition. Montréal, Librairie Beauchemin, limitée, 430, rue
St-Gabriel, 1930. 124 p.
(Bibliothèque canadienne, collection Laval, no 608 B)
« A Monsieur Kleczkowski... », [page non numérotée qui précède la p.–t.]
« Préface de la seconde édition », pp. [13]–22
Bibliothèques : OTTC

270   1936. Laure Conan. L'Oublié. Ouvrage couronné par l'Académie française.
Huitième édition. Montréal, Éditions Beauchemin, 1936. 117 p.
(Bibliothèque canadienne, collection Laval, no 608)
« A Monsieur Kleczkowski... », [au verso de la p.–t.]
« Préface de la seconde édition », pp. [11]–17

271   1939. Laure Conan. L'Oublié. Ouvrage couronné par l'Académie française.
Neuvième édition. Montréal, Librairie Beauchemin, limitée, 430, rue
Saint-Gabriel, 1939. 123 p.
(Bibliothèque canadienne, collection Laval, no 608)
« A Monsieur Kleczkowski... », [au verso de la p.–t.]
« Préface de la seconde édition », pp. [11]–17
Bibliothèques : OOU, QMBM

272   1944. Laure Conan. L'Oublié. Ouvrage couronné par l'Académie française.
Dixième édition. Montréal, Librairie Beauchemin, limitée, 430, rue
Saint-Gabriel, 1944. 123 p.
(Bibliothèque canadienne, collection Laval, no 608)
« A Monsieur Kleczkowski... », [au verso de la p.–t.]
« Préface de la seconde édition », pp. [11]–17
Bibliothèques : NBFU

273   1949. Laure Conan. L'Oublié. Ouvrage couronné par l'Académie française.
Treizième édition. Montréal, Librairie Beauchemin, limitée, 1949.
123 p.
(Bibliothèque canadienne, collection Laval no 608)
« A Monsieur Kleczkowski... », [au verso de la p.–t.]
« Préface de la seconde édition », pp. [11]–17
Bibliothèques : BVA, OKR

274   1951. Laure Conan. L'Oublié. Ouvrage couronné par l'Académie française. Quatorzième édition. Montréal, Librairie Beauchemin, limitée, 1951. 123 p.
(Bibliothèque canadienne, collection Laval, no 608)
« A Monsieur Kleczkowski... », [au verso de la p.-t.]
« Préface de la seconde édition », pp. [11]–17
Bibliothèques : Ottawa Public Library

275   1957. Laure Conan. L'Oublié. Ouvrage couronné par l'Académie française. Montréal, Librairie Beauchemin, limitée, 1957. 123 p.
« A Monsieur Kleczkowski... », [au verso de la p.-t.]
« Préface de la seconde édition », pp. [11]–17
Bibliothèques : OOCC

276   [1960]. Extraits dans *Laure Conan,* textes choisis et présentés par Micheline Dumont, Montréal, Paris, Fides, pp. 54–68

277   1964, etc. [Réimpressions de l'éd. de 1957]

278   NOTES

En plus des trois romans qu'elle avait publiés avant 1900, la romancière composa pendant sa dernière maladie un quatrième, *La Sève immortelle* (Montréal, Bibliothèque de l'Action française, 1925. 231 p.) qui fut très remarqué à l'époque et que l'on a réédité à plusieurs reprises. Il convient aussi de signaler ici quatre nouvelles ou récits de Laure Conan :

a) « Un amour vrai », publié d'abord en feuilleton dans *La Revue de Montréal,* II nos 9/10–III nos 7/8 (septembre/octobre 1878–juillet/août 1879) et en partie dans *La Lecture au foyer,* I no 1 (22 novembre 1884) pp. 2–6, et édité en volume en 1897 (Montréal, Leprohon & Leprohon, 60 p.). Une réimpression, sous le titre de *Larmes d'amour,* parut quelques années plus tard, sans l'autorisation de l'auteur (Montréal, Leprohon & Leprohon, [s.d.]. 60 p. Voir no 279);
b) « A travers les ronces » (fragments d'un journal intime), publié d'abord dans les *Nouvelles Soirées canadiennes,* II (1883) pp. 340–361, et incorporé plus tard dans *L'Obscure Souffrance*;
c) « L'Obscure Souffrance », publié d'abord en partie dans *La Revue canadienne,* nouv. sér. XVI (1915) pp. 322–333, 447–453, et repris en entier dans la même revue en 1919 (nouv. sér. XXIII, pp. 401–422, nouv. sér. XXIV, pp. 32–52). L'ouvrage parut en volume en 1919 (Québec, L'Action sociale, 115 p.) et fut réédité avec d'autres textes en 1924 (Québec, L'Action sociale, XVI, 147 p.);
d) « La Vaine Foi », publié d'abord dans *La Revue nationale,* 3e Année nos 9–11 (septembre–novembre 1921) et en volume la même année (Montréal, Imprimerie Maisonneuve, 48 p.) Repris dans le volume intitulé *L'Obscure Souffrance* en 1924.

A CONSULTER

279   ANGERS, MARIE-LOUISE-FÉLICITÉ [pseud. LAURE CONAN], « A. M. Louvigny de Montigny », *Le Journal de Françoise,* V (1906) p. 19
[Circonstances de la réédition d'*Un amour vrai* sous le titre de *Larmes d'amour*

ARLES, HENRI D' [pseud.]. Voir BEAUDÉ, abbé HENRI, no 280

280 BEAUDÉ, abbé HENRI [pseud. HENRI D'ARLES], *Une romancière canadienne: Laure Conan*, Paris, Éds de la Pensée de France, 1914. 38 p.
[Extrait de la *Pensée de France*, nos de juillet et septembre 1914. Reproduit dans *Estampes* (voir no 58), pp. 47–86. *Angéline de Montbrun*, pp. 49–70; Les romans historiques : *A l'œuvre et à l'épreuve, L'Oublié*, pp. 70–86]

281 ——, « Un essai d'art dramatique » [*Aux jours de Maisonneuve*], *L'Action française*, V (1921) pp. 212–218
[Adaptation pour la scène de *L'Oublié*; une représentation « très faible, presque pitoyable »]

282 ——, « Le Chant du cygne » dans *Estampes* (voir no 58) pp. 87–88
[Souvenirs de Laure Conan et éloge de *La Sève immortelle*]

283 ——, « Laure Conan, notre première romancière canadienne » dans *Les Quarante Ans de la Société historique franco-américaine, 1899–1939*, Boston, [s.éd., 1940], pp. 234–235
[Résumé d'une conférence faite devant la Société le 15 avril 1914]

284 BELLERIVE, GEORGES, « Laure Conan » dans *Brèves apologies de nos auteurs féminins* (voir no 61), pp. 12–23
[Cite les témoignages de plusieurs critiques sur les ouvrages de l'auteur]

285 ——, « Laure Conan » dans *Nos auteurs dramatiques* (voir no 62), p. 128
[Drame tiré de *L'Oublié* par l'auteur]

BENTZON, TH. [pseud.]. Voir BLANC, Mme THÉRÈSE, no 287

BERTRAND, LUCIENNE. Voir SAINT-JEAN DOMINIQUE, Sr, c.n.d., no 332

286 BINSSE, HARRY LORIN, *Laure Conan, 1845–1924*. [s.l.n.d.n.éd.]
[Dépliant de 4 p. non numérotées, qui contient des renseignements sur l'auteur et sur sa maison située à la Malbaie]

BLAIS, SUZANNE. Voir JEAN DE L'IMMACULÉE, no 312

287 BLANC, Mme THÉRÈSE [pseud. TH. BENTZON], « Les Femmes du Canada français », *Revue des deux mondes*, 3e période, CXLVII (15 mai 1898) pp. 313–347 et CXLVIII (15 juillet 1898) pp. 323–358, surtout pp. 349–350
[Article reproduit dans son volume, *Notes de voyage. Nouvelle-France et Nouvelle-Angleterre*, Paris, C. Lévy, 1899, pp. 1–72]

288 BOURASSA, abbé GUSTAVE, « Préface » [*L'Oublié*] dans l'éd. de 1902 et dans toutes les éditions suivantes.

289 BROCHU, ANDRÉ, « Le Cercle et l'évasion verticale dans *Angéline de Montbrun* de Laure Conan », *Études françaises*, I (1965) pp. 90–100
[Analyse du roman d'après les principes énoncés par M. Georges Poulet dans *Les Métamorphoses du cercle*, Paris, Plon, 1961]

290 CASGRAIN, abbé HENRI-RAYMOND, « Étude sur *Angéline de Montbrun* » dans les éds de 1884 et 1886, pp. 5–24, et reproduite dans *Les Nouvelles Soirées canadiennes*, IV (1885) pp. 224–233; dans *Paris-Canada*, I nos 23 (12 novembre 1884) pp. 3–4 et 24 (19 novembre 1884) pp. 4–5;

et dans les *Œuvres complètes* de Casgrain, (voir no 80), t. I, pp. 411–425
[Cette étude aurait été composée pour une réunion de la Société royale du
Canada en novembre 1883, laquelle n'a pas eu lieu. Le Fonds Casgrain des
Arch. du Petit Séminaire de Québec renferme une intéressante correspondance
de l'auteur à ce sujet. Le 1er octobre 1883, elle écrivit à l'abbé Casgrain pour
lui demander de retrancher tout détail biographique de son *Étude,* demande
qu'elle réitéra le 4 mars 1884. Le 29 mars elle se déclara toujours insatisfaite,
et exigea un nouveau remaniement du texte; enfin, en juillet 1884, elle renvoya
les épreuves en les approuvant.]

291   CHAPAIS, THOMAS, « Préface » de *L'Obscure Souffrance,* Québec, L'Action
sociale, 1924, pp. v–xvi
[Aperçu de l'œuvre de la romancière, avec éloges de son talent, de sa langue,
de son patriotisme et de sa foi]

292   CHAUVEAU, PIERRE-JOSEPH-OLIVIER, « Une femme auteur au Canada »,
Nouvelles Soirées canadiennes, IV (1885) pp. 49–64
[Étude sur *Angéline de Montbrun.* Aux Arch. du Petit Séminaire de Québec
l'on peut lire dans une lettre de Chauveau à Casgrain, du 11 octobre 1883,
cette phrase : « Je me ferai un plaisir d'écrire l'article que vous désirez à la
louange de Laure Conan. » Fonds Casgrain, x no 101]

293   [COMITÉ DU CENTENAIRE, LE], *Souvenirs du centenaire de naissance de Laure
Conan, 1845–1945.* [s.l.n.d.n.éd.]
[Brochure de 8 p. non numérotées, avec photos de l'auteur, de sa maison et
de son tombeau. Reproduit des extraits de ses ouvrages]

CONAN, LAURE [pseud.]. Voir ANGERS, MARIE-LOUISE-FÉLICITÉ, no 279

294   CYR, ROGER, « La Romancière Laure Conan vécut en recluse laïque »,
Alerte, XIV no 126 (février 1957) pp. 44–47

295   DANDURAND, abbé ALBERT, « Le Patriotisme dans l'œuvre de Laure
Conan », *L'Action française,* XIV (1925) pp. 25–36

296   ———, *Littérature canadienne-française: la prose* (voir no 93), pp. 187–191

297   ———, *Le Roman canadien-français* (voir no 94), pp. 142–145

298   DAVELUY, MARIE-CLAIRE, « En relisant Laure Conan », *L'Action française,*
II (1918) pp. 109–119
[Vue d'ensemble des romans de Laure Conan]

299   ———, « Paroles d'adieu », *L'Action française,* XII (1924) pp. 173–180
[Portrait moral et hommage après la mort de Laure Conan]

300   ———, « Pour le centenaire de Laure Conan », *Le Devoir,* XXXVI no 137
(16 juin 1946) p. 2
[Conférence de Mlle Daveluy à l'occasion d'une fête tenue au Collège Marie-
Anne]

301   DUMONT, MICHELINE, « Laure Conan », *Lectures,* VII (1960–1961) pp. 67–69
[Brève étude d'ensemble, avec liste des ouvrages de Laure Conan et des
principales sources à consulter]

301a ———, « Laure Conan », *Académie canadienne-française. Cahiers,* no 7
(1963) pp. 61–72
[Met en relief le paradoxe de la « double physionomie » de Laure Conan]

301b ———, « Laure Conan, 1845-1924 » dans *The Clear Spirit. Twenty Canadian Women and their Times,* edited by Mary Quayle Innis, published for the Canadian Federation of University Women by University of Toronto Press, [1966], pp. 91-102
[Admirable vue d'ensemble]

302 ——— (comp.), *Laure Conan,* textes choisis et présentés par Micheline Dumont, Montréal, Paris, Fides, [1960]. 95 p. (Classiques canadiens)
[Excellente anthologie avec une chronologie de la vie de Laure Conan, pp. 13-15, une bonne bibliographie, pp. 16-20, et des photos de l'auteur et du monument élevé à sa mémoire en 1945]

303 « Félicité Angers », *Le Bulletin des recherches historiques,* XXXVI (1930) pp. 103-104
[Courte biographie et liste de ses ouvrages]

304 FRASER, IAN FORBES, *The Spirit of French Canada* (voir no 110)
[*L'Oublié,* pp. 84-86]

305 FRÉCHETTE, LOUIS, « *Angéline de Montbrun* », *Le Journal de Françoise,* V (1906) p. 4
[Se demande s'il n'y a pas dans la deuxième partie « comme un grain d'autobiographie »]

306 GÉRIN, LÉON, « Notre mouvement intellectuel » (voir no 116)
[*L'Oublié,* p. 151]

307 GINGRAS, MARCELLE G., « Laure Conan », *Vie française,* X (1936) pp. 363-367

307a GODIN, JEAN-CLÉO, « L'Amour de la fiancée dans *Angéline de Montbrun* », *Lettres et Écritures,* I no 3 (mars 1964) pp. 14-19

308 HALDEN, CHARLES AB DER, « Laure Conan » dans *Nouvelles Études de littérature canadienne-française* (voir no 122), pp. 185-205
[*L'Oublié,* pp. 186-194; *Angéline de Montbrun,* pp. 194-205]

309 HÉBERT, JANINE, « Laure Conan, romancière », Montréal, 1947. 104 f.
[Thèse présentée à la Faculté des Lettres de l'Université de Montréal pour l'obtention du grade de maître ès arts. Dactylographiée. Thèse sans grande importance; bibliographie très sommaire]

310 HUGUENIN, Mme W.-A. [pseud. MADELEINE], « Hommage à Laure Conan » dans *Tout le long du chemin,* [Montréal, La Patrie, 1912], pp. 5-6

311 ———, « Laure Conan » dans *Portraits de femmes,* [Montréal], La Patrie, [1938], pp. 58-59
[Témoignage personnel, avec photo de la maison de Laure Conan. Version abrégée de ce portrait dans la 2ᵉ éd., publiée également en 1938, p. 51]

312 JEAN DE L'IMMACULÉE, Sr, s.g.c. [SUZANNE BLAIS], « Angéline de Montbrun, étude littéraire et psychologique », Ottawa, 1962. iv, 205 f.
[Thèse présentée à la Faculté des Arts de l'Université d'Ottawa en vue de l'obtention de la maîtrise ès arts. Dactylographiée. Étude très importante, basée sur des correspondances inédites, qui renouvelle entièrement la biographie de l'auteur et fait ressortir le caractère autobiographique de son premier roman. Analyse des variantes de la 3ᵉ éd. (1905), pp. 70-89. Excellente bibliographie annotée, pp. 184-201]

313 ———, « *Angéline de Montbrun* » dans *Le Roman canadien-français;
évolution, témoignages, bibliographie* (voir no 183), pp. 105–122
[Très bon article, qui résume la thèse précédente]

314 JONES, FREDERICK MASON, *Le Roman canadien-français...* (voir no 132)
[*Angéline de Montbrun*, pp. 127–129; caractère introspectif de Laure Conan,
pp. 136–137; ses romans historiques, pp. 150–154]

315 LAFLEUR, BRUNO, « Préface » [*Angéline de Montbrun*], dans l'éd. de 1950,
pp. 7–18

316 LALANDE, R.P. LOUIS, « *L'Oublié* », *Le Journal de Françoise*, I (1902)
pp. 181–182
[Appréciation du roman sous la forme d'une lettre]

317 L[APOINTE], [Mgr] E[UGÈNE], « Pour un portrait de Laure Conan », *La Revue
de l'Université Laval*, X (1955–1956) pp. 901–904
[Lettre d'un prêtre octogénaire qui raconte ses souvenirs de Laure Conan à
Mme Louis-J. Turgeon, *q.v.*]

318 LÉGER, JULES, « Laure Conan (1845–1924) » dans *Le Canada français et son
expression littéraire* (voir no 148), pp. 129–130

318a LE MOINE, ROGER, « Laure Conan et Pierre-Alexis Tremblay », *Revue de
l'Université d'Ottawa*, XXXVI no 2 (avril–juin 1966) pp. 258–271 et no 3
(juillet–septembre 1966) pp. 500–538
[Le côté autobiographique d'*Angéline de Montbrun*]

319 LESAGE, JULES-SIMÉON, « Laure Conan. La Romancière » dans *Notes
biographiques — Propos littéraires* (voir no 152), pp. 171–180
[Appréciation peu exigeante de *L'Oublié*, pp. 171–174, et d'*A l'œuvre et à
l'épreuve*, pp. 174–178]

320 ———, « Laure Conan », *Vie française*, III (1949) pp. 480–486

321 MCKENZIE, MARJORIE, « Canadian History in the French-Canadian
Novel » (voir no 157), pp. 205–210

MADELEINE [pseud.]. Voir HUGUENIN, Mme W.-A., nos 310–311

322 MARIE-DE-SAINTE-JEANNE-D'ORLÉANS, Sr, r.s.c., « Bibliographie de Laure
Conan », Montréal, [1938]. 16 f.
[Thèse présentée à l'École de Bibliothécaires de l'Université de Montréal.
Dactylographiée. Sur microfilm (voir no 36), bobine no 4. Reproduit, aux
pp. 3–5, les pages-titre de la plupart des ouvrages de l'auteur, non sans
quelques inexactitudes. Donne, aux pp. 8–15, la liste des articles publiés par
l'auteur dans les journaux et revues]

323 MARY ELEANOR, Sr, c.s.j., « Les Écrivains féminins du Canada français
de 1900 à 1940 », Québec, 1947. 214 f.
[Thèse présentée pour le grade de maître ès arts à l'Université Laval. Dactylographiée. « Laure Conan », pp. 70–82]

324 MORGAN, HENRY JAMES, « Miss Félicité Angers » dans *The Canadian Men
and Women of the Time...* (voir no 166), Second Edition, p. 27

ORMES, RENÉE DES [pseud.]. Voir TURGEON, Mme LOUIS-J., nos 338–341

325 « *L'Oublié* », *La Revue canadienne*, XLVI (1904) p. 336
[Comptes-rendus tirés de *Paris-Canada* et de la *Revue des deux mondes*]

325a PARADIS, SUZANNE, « Angéline » [de Montbrun] dans *Femme fictive, femme réelle, le personnage féminin dans le roman féminin canadien-français, 1884–1966*, [Québec], Garneau, [1966], pp. 11–13
[Angéline serait un cas de complexe d'Œdipe]

326 POTVIN, DAMASE, « *Angéline de Montbrun* », *Culture*, XI (1950) pp. 214–216
[Compte rendu de l'éd. de 1950. Nie le caractère autobiographique du roman]

327 PRINCE, J.-E., « Chronique » [Laure Conan], *Nouvelles Soirées canadiennes*, II (1883) pp. 477–480
[Éloge d'*Angéline de Montbrun*]

328 ROBIDOUX, G.-L., « Notes bio-bibliographiques sur Laure Conan », Montréal, 1948. iv, 9 f.
[Thèse présentée à l'École de Bibliothécaires de l'Université de Montréal. Dactylographiée. Sur microfilm (voir no 36), bobine no 4. « Cette bibliographie ne comprend que les volumes et les revues conservés à la bibliothèque de Montréal, et, seul l'article le plus ancien de chaque revue est décrit », p. 8, note]

329 RODEN, LETHEM SUTCLIFFE, « Laure Conan, the First French-Canadian Woman Novelist », Toronto, 1956. 167 f.
« A Thesis submitted in conformity with the requirements for the degree of Doctor of Philosophy in the University of Toronto. » Dactylographiée. Utile étude d'ensemble de la vie et de l'œuvre. Bibliographie, pp. 148–162, avec liste des articles publiés par Laure Conan, pp. 152–159]

330 ROY, Mgr CAMILLE, « Causerie littéraire: *L'Oublié* », *La Nouvelle-France*, II (1903) pp. 123–134
[Bonne étude, reproduite dans ses *Essais sur la littérature canadienne*, Québec, Garneau, 1907, pp. 105–123, et dans ses *Romanciers de chez nous* (voir no 199), pp. 105–119]

331 SAINT-JACQUES, Mme HENRIETTE DESSAULLES, « Les Femmes et les Lettres françaises au Canada », *Le Bulletin du parler français au Canada*, XI (1913) pp. 341–348
[Mémoire présenté au Congrès de la langue française. Aperçu de l'œuvre de Laure Conan aux pp. 343–344]

332 SAINT-JEAN DOMINIQUE, Sr, c.n.d. [LUCIENNE BERTRAND], « La Nouvelle France dans le roman canadien (1608–1701) » (voir no 209)
[*A l'œuvre et à l'épreuve*, pp. 1–23; *L'Oublié*, pp. 47–66]

SAINTE-JEANNE-D'ORLÉANS, Sr, MARIE DE. Voir MARIE-DE-SAINTE-JEANNE-D'ORLÉANS, Sr., no 322

333 « Séance publique annuelle de l'Académie française tenue le 26 novembre 1903... », *Polybiblion* (Paris), XCVIII (1903) p. 542
[Un Prix Montyon de 500 francs décerné à *L'Oublié*]

334 TESSIER, THÉRÈSE, *Bibliographie d'auteur (livres seulement)*: *Laure Conan (pseudonyme de Félicité Angers)*, membre de la Société historique de Montréal, 1845-1924, [Montréal, McGill University Library School], 1931. 3 f.
[Liste sommaire; dactylographiée]

335 TOURIGNY, H.-E., « *A l'œuvre et à l'épreuve* », *La Revue canadienne*, XXVIII (1892) pp. 69–80

336 TREMBLAY, A., « Exposition où se révèle la personnalité d'une grande romancière, Laure Conan », *Le Soleil*, LXXV no 44 (17 février 1956) p. 16
[Exposition Laure Conan tenu au Palais Montcalm sous les auspices de la Société nationale Samuel de Champlain]

337 TRÉPANIER, JACQUES, « Véritable oubliée, Laure Conan », *La Patrie*, XXII no 10 (4 mars 1956) pp. 76, 83
[Même exposition]

338 TURGEON, Mme LOUIS-J. [pseud. RENÉE DES ORMES], « Laure Conan » dans *Célébrités*, Québec, l'auteur, 1927, pp. 7–61
[Bonne biographie]

339 ———, « Laure Conan: un bouquet de souvenirs », *La Revue de l'Université Laval*, VI (1951–52) pp. 383–391
[Lettres inédites; détails sur la composition des romans]

340 ———, « Glanures dans les papiers pâlis de Laure Conan », *La Revue de l'Université Laval*, IX (1954–55) pp. 120–135
[Article important, avec de nombreux renseignements sur les correspondants de Laure Conan et des lettres inédites]

341 ———, « Pour un portrait de Laure Conan », *La Revue de l'Université Laval*, X (1955–56) pp. 901–904
[La lettre de Mgr Eugène Lapointe. Voir no 317]

AUBERT DE GASPÉ, PHILIPPE-IGNACE-FRANÇOIS
(Québec, 8 avril 1814–Halifax, 7 mars 1841)

L'INFLUENCE D'UN LIVRE (= LE CHERCHEUR DE TRÉSORS)

342 1837. Extrait, « Le Meurtre », *Le Télégraphe*, I nos 12 et 13 (14 et 17 avril 1837)

343 1837. L'Influence d'un livre; roman historique, par Ph. A. de Gaspé, junr. [citation]. Québec, Imprimé par William Cowan & fils, rue Fabrique, Haute-Ville, 1837. 122 p.
« Dédié à Thomas C. Aylwin, Écuier, par un admirateur de ses talents et celui qui ose s'inscrire son ami sincère, Ph. A. de Gaspé, junr. », p. [i]. « Préface », pp. [iii]–iv
Bibliothèques : OTP, QMBM, QMU, QQA, QQL, QQLa

344 1848. Extraits, « L'Étranger, légende canadienne », et « L'Homme du Labrador » dans *Le Répertoire national* (voir no 129), t. II, pp. 25–34, 51–60

345 1853. Extraits, « L'Étranger », et « L'Homme du Labrador » dans *Légendes canadiennes*, recueillies par J. Huston, (voir no 130), pp. 68–76 et 77–86

346 1864. « Le Chercheur de trésors, ou l'Influence d'un livre » dans *La Littérature canadienne de 1850 à 1860*, Québec, G. & G. E. Desbarats, 1864, t. II, pp. 123–220

347 1878. Ph. Aubert de Gaspé. Le Chercheur de trésors ou l'Influence d'un livre. Québec, Imprimerie de Léger Brousseau, 1878. 166 p.
« Préface », pp. [5]–8
Bibliothèques : BVaU, OKQ, OOSJ, OOSU, OOU, OTP, OTU, QMM, QMSS, QQA, QQL, QQLa

348 1885. Ph. Aubert de Gaspé. Le Chercheur de trésors ou l'Influence d'un livre. Montréal, Beauchemin & Valois, Libraires-Imprimeurs, 256 et 258, rue Saint-Paul, 1885. 166 p.
« Préface », pp. [v]–vii
Bibliothèques : QQA, QQS

349 1885. Ph. Aubert de Gaspé. Le Chercheur de trésors ou l'Influence d'un livre. Montréal, Gernaey & Hamelin, Libraires-Éditeurs, 1659, rue Notre-Dame, 1659, 1885. 165 p.
« Preface », pp. [5]–8
Bibliothèques : QMBM

350 1885. Ph. Aubert de Gaspé. Le Chercheur de trésors ou l'Influence d'un livre. Mile-End, Imprimerie de l'Institution des Sourds-Muets, 1885. 165 p.
« Préface », pp. [5]–8
Bibliothèques : Collège Bourget, Rigaud

351 1902. Extraits, « L'Étranger » et « L'Homme du Labrador » dans É.-Z. Massicotte, *Conteurs canadiens-français du XIXe siècle* (voir no 164), pp. 3–12 et 13–23

352 NOTES

Il est possible de retracer dans les journaux de l'époque l'accueil fait à notre premier roman. Annoncé dans *Le Télégraphe* du 14 avril 1837 (I no 12), le livre se vendrait 5 shillings. Le 11 octobre, l'intrigue du « petit pamphlet », paru « dans le courant du mois dernier », fut condamnée comme invraisemblable par un certain « Pierre-André » (voir no 368), lui-même auteur de deux récits publiés dans *Le Populaire*. Le jeune Aubert de Gaspé se défendit dans une lettre écrite pour *La Gazette de Québec* du 24 octobre 1837 (reproduite dans *Le Populaire*, I no 94 du 15 novembre), affirmant qu'il avait connu le type original de son héros, Charles Amand, que l'histoire de la chandelle était véritable, et que la transaction au sujet de la poule noire avait eu lieu à Saint-Jean-Port-Joli même. Nouvelles attaques de « Pierre-André » les 15 et

17 novembre. Grâce aux recherches de MM. P.-G. Roy et G. Ouellet, nous savons que le récit est basé sur un fait réel, le meurtre à Saint-Jean-Port-Joli en août 1829 du colporteur Guilmet par François Marois (voir nos 359 et 369), et que d'autres détails (personnage de la mère Nollet, gueule énorme de Capistrau) sont véridiques (voir no 367).

En 1864, « à la sollicitation d'un grand nombre d'amis », le roman fut reproduit, avec de nombreux changements (voir no 362) et sous un nouveau titre, dans le volume offert en prime aux abonnés du *Foyer canadien*. Ce texte expurgé, que reproduisirent les éditions de 1878 et 1885, est dû sans doute à la discrétion de l'abbé Casgrain, en sa qualité de directeur du *Foyer canadien*. Le 19 juillet 1863, M. de Gaspé, père, avait écrit à Casgrain:

il m'est absolument impossible de faire les changements que je proposais à « L'Influence d'un livre ». Tout bien considéré je n'en vois pas même l'utilité. Mon fils n'avait que 20 ans lorsqu'il a écrit cet ouvrage; je préfère le laisser tel qu'il est. Vous pourriez noter ce fait, dans la futile notice que vous publierez dans le « Foyer Canadien ».

Il y a plusieurs fautes d'impressions [*sic*] dans l'épreuve que vous m'avez transmise; et libre à vous de faire les changements que vous signalez; et qui me paroissent très à propos : vous avez carte blanche. [Voir no 354]

Quant au jeune auteur, on peut lire son épitaphe dans les « Souvenances canadiennes » de Casgrain: « Voilà un beau talent, aussi facile que précoce, qui aurait pu aller loin si la dissipation de la jeunesse ne l'avait enlevé avant le temps. Il est allé mourir à Halifax, ruiné par les abus de l'alcool. » (Voir no 357)

A CONSULTER

353 AHERN, MICHAEL-JOSEPH et GEORGE, *Notes pour servir à l'histoire de la médecine dans le Bas-Canada, depuis la fondation de Québec jusqu'au commencement du XIXe siècle*, Québec, [s.éd.], 1923, pp. 375–376
[Le docteur l'Indienne]

354 AUBERT DE GASPÉ, PHILIPPE-JOSEPH, Lettre à l'abbé H.-R. Casgrain, 19 juillet 1863; ms conservé aux Arch. du Petit Séminaire de Québec, Fonds Casgrain, t. I no 115

355 BENDER, L.-P., *Literary Sheaves* (voir no 63), pp. 191–194
[Hésite à accorder au jeune Aubert de Gaspé le titre de romancier]

356 BIBAUD, [F.-M.-U.-M.], *Tableau historique des progrès matériels et intellectuels du Canada* (voir no 65), pp. 42–43
[Cite la préface du roman, qu'il désigne « le premier roman publié au Canada »]

357 CASGRAIN, abbé HENRI-RAYMOND, « Les Souvenances canadiennes » (voir no 81), t. III, p. 71 [sur la mort du jeune Aubert de Gaspé à Halifax] et p. 72 [que M. de Gaspé, père, aurait composé le chapitre V du roman, « L'Étranger », à la demande de son fils]

358 DANDURAND, abbé ALBERT, *Le Roman canadien-français* (voir no 94) pp. 21–23, 33–34, 37–46

359 « François Marois alias Malouin alias Lafage », *Le Bulletin des recherches historiques,* XLIX (1943) pp. 97–102
     [L'original du meurtrier « Lepage » dans l'édition de 1837, appelé « Mareuil » dans les éds ultérieures]

360 FRÉCHETTE, LOUIS, *Mémoires intimes,* texte établi et annoté par GEORGE A. KLINCK, Montréal et Paris, Fides, [1961]
     [Voir pp. 59–61 sur les « chercheurs de coffres »; p. 90 sur le docteur l'Indienne]

361 GAGNON, PHILÉAS, *Essai de bibliographie canadienne* (voir no 18), t. II, p. 410
     [Cite une anecdote racontée par Aubin dans *Le Fantasque,* I no 41 du 10 novembre 1838, au sujet d'un soi-disant érudit anglais qui aurait confondu *L'Influence d'un livre; roman historique* avec Arytoast's *Influence of the Liver on Roman History!*]

362 HAYNE, DAVID M., « La Première Édition de notre premier roman », *Le Bulletin des recherches historiques,* LIX (1953) pp. 49–50
     [Les modifications apportées en 1864 au texte de 1837]

363 ————, « Les Origines du roman canadien-français » (voir no 125), surtout pp. 46–50

364 LACOURCIÈRE, LUC, « Philippe Aubert de Gaspé (fils) » dans *Livres et Auteurs canadiens, 1964; panorama de la production littéraire de l'année,* Montréal, Éds Jumonville, [1965], pp. 150–157
     [Excellente biographie avec documents inédits à l'appui]

365 MARION, SÉRAPHIN, « Notre premier roman canadien-français » dans *Cahiers de l'École des Sciences sociales, politiques et économiques de Laval,* II no 5 (1943) pp. 3–18. Reproduit dans *Les Lettres canadiennes d'autrefois* (voir no 161), t. IV, pp. 47–60

366 MORGAN, HENRY JAMES, *Bibliotheca Canadensis...* (voir no 38), p. 99

367 OUELLET, GÉRARD, *Ma paroisse, Saint-Jean Port-Joly,* [Lévis, 1946]
     [Surtout la p. 109 sur la gueule de Capistrau et les pp. 119–121 sur le meurtre de Guilmet]

368 « PIERRE-ANDRÉ », « Littérature canadienne », *Le Populaire,* I no 80 (11 octobre 1837) p. 1
     [Réponse du jeune Aubert de Gaspé, I no 94, du 15 novembre 1837, pp. 1–2, et riposte de « Pierre-André », I nos 94 et 95, des 15 et 17 novembre 1837]

369 « Le Plaidoyer du sieur Marois devant le jury (28 septembre 1829) », *Le Bulletin des recherches historiques,* XLIX (1943) pp. 150–157

370 ROBIDOUX, RÉJEAN, o.m.i., « Fortunes et infortunes de l'abbé Casgrain » (voir no 182), pp. 209–229
     [*Le Chercheur de trésors,* éd. de 1878, figure sur la liste des ouvrages que l'on faisait distribuer en prix dans les écoles]

371 ROY, JOSEPH-EDMOND, *Histoire de la seigneurie de Lauzon,* Lévis, chez l'auteur, 1897–1904, 5 vol., t. IV, pp. 205–206 [sur la mère Nollette à Beaumont] et pp. 212–213 [sur le docteur l'Indienne]

372   ROY, PIERRE-GEORGES, « Philippe-Ignace-François Aubert de Gaspé »
     dans *La Famille Aubert de Gaspé*, Lévis, [s.éd.], 1907, pp. 137–140
     [Reproduit, avec une correction, deux articles tirés du *Bulletin des recherches
     historiques*, XI (1905) pp. 368–369 et XII (1906) pp. 123–124]

373   ———, « Escapades de journaliste » dans *Les Petites Choses de notre
     histoire*, Lévis, [s.éd.], 1919, 2ᵉ sér., pp. 218–222
     [De l'assafœtida à la Chambre d'Assemblée en 1836]

374   ———, « Philippe-Ignace-François Aubert de Gaspé » dans *Fils de Québec*
     (voir no 205), t. III, p. 192

375   ———, *A travers les Anciens Canadiens*, Montréal, Ducharme, 1943, pp.
     217–220
     [Aubert de Gaspé fils et son roman]

AUBERT DE GASPÉ, PHILIPPE-JOSEPH
(Québec, 30 octobre 1786–Québec, 29 janvier 1871)

LES ANCIENS CANADIENS

376   1862. Extraits, « Une nuit avec les sorciers » et « La Débâcle », *Les Soirées
     canadiennes*, II (1862) pp. 9–35 et 36–44

377   1863. Les Anciens Canadiens, par Philippe Aubert de Gaspé, avocat.
     [citation de 8 lignes]. Ramayana. Publié par la direction du « Foyer
     Canadien ». Québec, Desbarats et Derbishire, Imprimeurs-Éditeurs
     1863. 411 [413] p.
     « Notes et éclaircissements », pp. [355]–411
     Bibliothèques: OONL, QMBM, QMM, QMSS, QMU, QQLa

378   1863. Extrait, « Légende de madame d'Haberville », *L'Écho du Cabinet de
     lecture paroissial*, V (1863) pp. 116–120

379   1863. Extrait, « La Débâcle », *Le Journal de l'instruction publique*, VII
     (1863) pp. 49–53

380   1864. Les Anciens Canadiens, par Philippe Aubert de Gaspé. [citation de
     8 lignes]. Ramayana. Deuxième édition revue et corrigée par l'auteur.
     Québec, G. et G. E. Desbarats, Imprimeurs-Éditeurs, 1864. 407 [409] p.
     « Notes et éclaircissements », pp. [359]–407
     « Erratum », p. [408]
     Bibliothèques: NBFL, OKQ, OTP, QMSS, QMU, QQL, QQLa

381   1864. The Canadians of Old, by Philippe Aubert de Gaspé. [citation de
     8 lignes en français]. Ramayana. Translated by Georgiana M. Pennée.
     Québec, G. & G. E. Desbarats, 1864. 331 [333] p.
     « Notes and explanations », pp. [295]–331
     Bibliothèques: OKQ, OONL, OTP, OTU, QMBM, QMM, QMU, QQL, QQLa

382   1865. Dramatisation inédite, « Archibald Cameron of Locheill, ou un
     épisode de la guerre de sept ans en Canada », mélodrame en trois actes

tiré des *Anciens Canadiens* par les RR.PP. Camille Caisse et J.-Arcade Laporte et présenté au Collège de l'Assomption, le 19 janvier 1865. (Voir nos 424, 425 et 463)

383   1877. Les Anciens Canadiens, par Philippe Aubert de Gaspé. Tome I [II]. [citation de 8 lignes]. Ramayana. Québec, Imprimerie Augustin Côté et cie, 1877. 2 vol. 298 et 240 p.
« Notes et éclaircissements », t. II, pp. [127]–238
[Édition préparée par l'abbé HENRI-RAYMOND CASGRAIN. Voir no 494]
Bibliothèques: BVaU, NBS, OONL, OOSJ, OOU, OTP, OTU, QMBM, QMSS, QMU, QQA

384   1886. Les Anciens Canadiens, par Philippe Aubert de Gaspé. [citation de 9 lignes]. Ramayana. Montréal, Librairie Saint-Joseph, Cadieux & Derome, 1886. 271 p.
« Notes et éclaircissements », pp. [201]–267
Bibliothèques: OOCC, OOU, QMM, QMSS, QQL

385   1890. The Canadians of Old, by Philippe Aubert de Gaspé. Translated by Charles G. D. Roberts. New York, D. Appleton and Company, 1890. 287 p.
(A la couverture: Appleton's Town and Country Library, no 62)
« Introduction » (Charles G. D. Roberts), pp. [3]–6
[Les « Notes et éclaircissements » ne s'y trouvent pas]
Bibliothèques: BVA, BVaU, MWU, NBFU, NBS, NBSaM, NSHPL, OOG, OKQ, OOP, OTP, OTU, QMBM, QMM, QMSS

386   1891. The Canadians of Old; an Historical Romance, by Philippe Aubert de Gaspé. Translated by Charles G. D. Roberts. Toronto, Hart & Company, 1891. 287 p.
« Introduction » (Charles G. D. Roberts), pp. [3]–6
[Les « Notes et éclaircissements » ne s'y trouvent pas]
Bibliothèques: NBSM, OKQ, OOP, QQL

387   [1894]. Les Anciens Canadiens; drame en trois actes, par P. A. de Gaspé. Montréal, en vente chez tous les libraires. 50 p.
[A la couverture: « Montréal, C. O. Beauchemin & fils, Libraires-Imprimeurs, 256 et 258, rue Saint-Paul, 1894 »]
Bibliothèques: OKQ, QMBM, QMSS

388   1897. The Canadians of Old, by Philippe Aubert de Gaspé. Translated by Charles G. D. Roberts. New York, D. Appleton and Company, 1897. 287 p.
« Introduction » (Charles G. D. Roberts), pp. [3]–6
[Les « Notes et éclaircissements » ne s'y trouvent pas]
Bibliothèques: NBFL, OTV

389   1898. The Canadians of Old, by Philippe Aubert de Gaspé. Translated by Charles G. D. Roberts. New York, D. Appleton and Company, 1898. 287 p.
« Introduction » (Charles G. D. Roberts), pp. [3]–6
[Les « Notes et éclaircissements » ne s'y trouvent pas]
[Aurait paru aussi avec l'adresse bibliographique Hart and Riddell, Toronto]
Bibliothèques: QQL

390 1899. Les Anciens Canadiens, par Philippe Aubert de Gaspé. [citation de 9 lignes]. Ramayana. Montréal, C. O. Beauchemin & fils, Libraires-Imprimeurs, 256 et 258, rue Saint-Paul, 1899. 271 [erreur pour 279] p.
« Notes et éclaircissements », pp. [211]–276
Bibliothèques: OKQ

391 1902. Extraits, « Une nuit chez les sorciers » et « L'Aventure de David Larouche » dans É.-Z. Massicotte, *Conteurs canadiens-français du XIXe siècle* (voir no 164), pp. 35–45 et 47–52

392 [s.d.]. Les Anciens Canadiens, par Philippe Aubert de Gaspé. [citation de 9 lignes]. Ramayana. Montréal, Librairie Beauchemin, limitée, 256, rue Saint-Paul. 279 p.
« Les soussignés ont acquis de C. O. Beauchemin & Fils, la propriété du présent ouvrage. Librairie Beauchemin, limitée », p. [4]
« Notes et éclaircissements », pp. [211]–276

393 [s.d.]. Les Anciens Canadiens, par Philippe Aubert de Gaspé. [citation de 9 lignes]. Ramayana. Montréal, Librairie Beauchemin, limitée, 79, rue St-Jacques, 79. 279 p.
« Notes et éclaircissements », pp. [211]–276
Bibliothèques: BVaU, MWU, OKQ, OONL, OOU, OTP, QMBM, QMU, QQL, QQLa

394 1905. Cameron of Lochiel, by Philippe Aubert de Gaspé. Translated by Charles G. D. Roberts. New edition with a frontispiece by H. C. Edwards. Boston, L. C. Page & Company, MDCCCCV. xvii, 287 p.
« Preface to New Edition » (C.G.D.R.), pp. [i]–[ii]
[Affirme que le titre anglais a été changé à la suggestion de la maison d'édition]
« Preface » (C.G.D.R.), pp. [iii]–vi
« Foreword » [Prologue du roman], pp. [ix]–xvii
[Les « Notes et éclaircissements » ne s'y trouvent pas]
[A paru aussi avec l'adresse bibliographique: Toronto, The Copp Clark Company Limited]
Bibliothèques: MWU, NBFU, NBSaM, OKQ, OONL, OTU, QMBM, QMM, QQL

395 [1910]. Cameron of Lochiel, by Philippe Aubert de Gaspé. Translated by Charles G. D. Roberts. New edition with a frontispiece by H. C. Edwards. Boston, L. C. Page & Company, publishers. xvii, 287 p.
« Preface to New Edition » (C.G.D.R.), pp. [i]–[ii]
« Preface » (C.G.D.R.), pp. [iii]–vi
« Foreword » [Prologue du roman], pp. [ix]–xvii
[Les « Notes et éclaircissements » ne s'y trouvent pas]
[A paru aussi avec l'adresse bibliographique Toronto, The Copp Clark Company Limited]
Bibliothèques: BVaU, NBFL, OTP

396 1913. Les Anciens Canadiens, par Philippe Aubert de Gaspé. [citation de 9 lignes]. Ramayana. Montréal, Librairie Beauchemin, limitée, 79, rue St-Jacques, 1913. 361 [363] p.
(Bibliothèque canadienne, collection Jacques Cartier, no 802 B)
« Notes et éclaircissements », pp. [297]–361
Bibliothèques: OTU, QQLa

397   [1917]. Les Anciens Canadiens; drame en trois actes, par P. A. de Gaspé.
      Montréal, Librairie Beauchemin, limitée, 79, rue Saint-Jacques. 48 p.
      [A la couverture: 1917]

398   1923. Extrait, « La Descente des glaces » dans J. Calvet, *Manuel illustré
      d'histoire de la littérature française. Supplément: La Littérature française
      à l'étranger* (voir no 76), pp. 94–98

399   1923. Extrait, « La Descente des glaces », *Le Monde nouveau* (Paris), IV
      no 15 (15 août 1923), no spécial sur le Canada, pp. 70–74

400   1925. Les Anciens Canadiens, par Philippe Aubert de Gaspé. [citation de
      9 lignes]. Ramayana. Montréal, Librairie Beauchemin, limitée, 30, rue
      St-Gabriel, 1925. 297 [299] p.
      (Bibliothèque canadienne, collection Jacques Cartier, no 802 B)
      « Notes et éclaircissements », pp. [243]–298
      Bibliothèques: BVaU, OOSU, OTU, QMBM, QMSS, QQLa

401   1928. Extrait, [Dumais et les Indiens], dans Frères des Écoles chrétiennes,
      A travers la littérature canadienne-française, (voir no 114) pp. 73–81

402   [1929]. Seigneur d'Haberville (The Canadians of Old); a Romance of the
      Fall of New France, by Phillippe [*sic*] Aubert de Gaspé. Toronto, The
      Musson Book Company. [xiv], 333 p.
      « Editor's Note », p. v. [Il s'agit d'un remaniement de la traduction de Mme
      Pennée]
      « Introduction » (T. G. Marquis), pp. ix–xii
      « Appendix » [notes], pp. 329–333
      Bibliothèques: BVaU, NBS, OHM, OKQ, OOCC, OONL, QMBM, QMM, QMSS, QMU, QQL,
      QQLa

403   1931. Les Anciens Canadiens, par Philippe Aubert de Gaspé. [citation de
      9 lignes]. Ramayana. Montréal, Librairie Beauchemin, limitée, 430, rue
      St-Gabriel, 1931. 297 [299] p.
      (Bibliothèque canadienne, collection Jacques Cartier, no 802 B)
      « Notes et éclaircissements », pp. [243]–297
      Bibliothèques: NBSaM, OKQ, OKR

404   1931. Georges Monarque. Blanche d'Haberville; drame en cinq actes en
      vers. Librairie d'Action canadienne-française, limitée, Montréal, 1931.
      167 p.
      « Personnages », p. [6]
      [Adaptation libre du roman]
      Bibliothèques: OONL, OOU

405   1934. Extraits, « La Fête du mai » et « La Danse des sorciers » dans Mgr C.
      Roy, *Morceaux choisis d'auteurs canadiens* (voir no 197), pp. 135–137
      et 138–140

406   [1935]. Les Anciens Canadiens, par Philippe Aubert de Gaspé. [citation de
      9 lignes]. Ramayana. Montréal, Librairie Beauchemin, limitée, 430, rue
      Saint-Gabriel, 430. 279 p.
      [A la couverture: 21e édition, 1935. Une réimpression de cette éd. porte la
      date 1940]
      « Notes et éclaircissements », pp. [211]–276
      Bibliothèques: MWP, OOSJ, QMG

407   [1945]. Extrait, « Une nuit chez les sorciers » dans GEORGE A. KLINCK, *Allons gai!* (voir no 134), pp. 107–111

408   1945. Extrait, « Une nuit chez les sorciers. Récit des temps anciens », *Le Devoir*, XXXVI nos 147–149 (29 juin–3 juillet 1945). (Feuilleton du *Devoir*)

409   [1946]. Colección panamericana, 6. Dos culturas canadienses. Phillipe [*sic*] Aubert de Gaspé, Los Antiguos Canadienses, traducción de J. L. Izquierdo Hernández. Thomas Chandler Haliburton, El Relojero, traducción de A. Gutiérrez Castro. Selecciones y Reseña cultural de Canadá por Herbert Davis y Marine Leland. W. M. Jackson, Inc., Editores, Buenos Aires, [etc.]. lxii, 370 p.
       « Introducción a la literatura francocanadiense », par Marine Leland, pp. vi–xxxii, dont les pp. xxii–xxiii portent sur Philippe Aubert de Gaspé
       « Los Antiguos Canadienses » (*Les Anciens Canadiens*), pp. 1–207

410   1946, etc. Les Anciens Canadiens, par Philippe Aubert de Gaspé. [citation de 9 lignes]. Ramayana. Montréal, Éditions Beauchemin, 1946. 279 p.
       « Notes et éclaircissements », pp. [211]–276
       [Plusieurs réimpressions de cette édition ont paru, portant les dates 1947, 1949, 1953, etc.]
       Bibliothèques: OKR, QQA

411   [1947]. Georges Monarque. Blanche d'Haberville; drame en cinq actes en vers. Deuxième édition. Montréal. 167 p.
       [A la couverture: 1947]
       « Personnages », p. [4]
       Bibliothèques: QMSS

412   1956. Philippe Aubert de Gaspé. Les Anciens Canadiens. Édition scolaire présentée par Guy Boulizon. Montréal, Éditions Beauchemin, 1956. 188 [189] p.
       « Note des éditeurs », p. [7]: « C'est à la demande du Conseil de l'Instruction Publique qu'a été préparée la présente édition... Tout ce qui nous a paru sans rapport immédiat avec l'essentiel du récit a été supprimé et remplacé par un bref résumé, mis entre guillemets... Enfin, quelques paragraphes supprimés ici et là en vue de ramener le texte à une longueur raisonnable, ont été remplacés par des points de suspension... »
       « Philippe Aubert de Gaspé » [note biographique], p. [9]
       [Portr. de l'auteur à la couverture]
       [Les « Notes et éclaircissements » ne s'y trouvent pas]

413   1957. [Réimpression de l'éd. précédente]

414   1957. Extrait, « Les Sorciers de l'Île d'Orléans » dans Samuel Baillargeon, *Littérature canadienne-française* (voir no 56), pp. 104–105

415   1957. Extrait, « Un souper chez un seigneur canadien » dans Maurice Lebel, *L'Explication des textes littéraires. Méthode d'explication et choix de textes...*, Québec, Presses universitaires Laval, 1957, pp. 165–174

416 [1959]. Extraits, « La Danse des sorciers » et « Un souper chez le seigneur de Beaumont » dans Guy Boulizon (comp.), *Anthologie littéraire; pages choisies d'auteurs français, canadiens, belges...*, [Montréal], Beauchemin, [1959], t. I, pp. 39–41 et 205–207

417 1961. [Réimpression de l'éd. de 1956]

418 1961. Extrait, « La Corriveau » dans Guy Boulizon (comp.), *Contes et récits canadiens d'autrefois,* Montréal, Beauchemin, 1961, pp. 39–46

419 [1961]. Philippe Aubert de Gaspé. Les Anciens Canadiens; récits. Texte intégral, conforme à l'édition de 1864. Fides, Montréal et Paris. 355 p. (« Alouette bleue », 10)
[Note des éditeurs], p. [6]: « A la suggestion de M. Lacourcière, nous avons suivi le texte de la deuxième édition parue à Montréal en 1864 et corrigée par l'auteur lui-même. »
« Notes et éclaircissements », pp. [275]–352
Bibliothèques: OTU

420 [1963]. [Deuxième tirage de l'éd. précédente]

421 NOTES

La plupart des historiens de la littérature canadienne ont affirmé, à la suite de l'abbé Casgrain, qu'Aubert de Gaspé aurait été inspiré à composer son roman en lisant l'épigraphe des *Soirées canadiennes,* « Hâtons-nous de raconter les délicieuses histoires du peuple avant qu'il les ait oubliées » (Nodier). L'on sait de toute façon qu'il fit paraître quelque pages de son manuscrit dans *Les Soirées canadiennes* en janvier 1862. Puis, le 28 décembre 1862, il écrivit à sa fille, Mme Fraser:

L'abbé Casgrain descend à la R. Ouelle, il sera de retour le 2 de [*sic*] janvier et le lendemain je commencerai à lui faire la lecture de mon ouvrage: c'est convenu. Mon roman est augmenté d'un quart depuis que tu l'as lu; j'achève un long chapitre tout nouveau et supplémentaire, qui sera assez drôle, et surtout de la manière originale que [*sic*] je l'introduis. J'ai beaucoup allongé aussi mon dernier chapitre, qui finit d'une manière dont jamais littérateur ne s'est avisé. [Voir no 427, p. 116]

Il paraît donc que le texte fut remanié au moins une fois avant la fin de 1862. Il est probable que l'abbé Casgrain encouragea Aubert de Gaspé à publier son roman, l'aida à corriger les épreuves (voir no 448, t. III, p. 78) et lui suggéra des modifications, qui se bornaient, selon l'abbé, « aux premières pages de son livre et à sa conclusion » (*ibid.,* p. 83); l'auteur aurait voulu lui témoigner sa reconnaissance dans une dédicace que Casgrain crut devoir refuser (*ibid.,* pp. 84–85, et Fonds Casgrain, Arch. du Séminaire de Québec, I, 118 et 119).
A la mort de l'auteur, le manuscrit « fut légué à Adélaïde-Catherine, fille de l'auteur; celle-ci le transmit à son fils Raoul de Beaujeu; la fille de ce dernier, Adèle, devenue madame James William Domville, confia le manuscrit au Collège Bourget en 1937 » (voir no 226, t. II, p. 259).
Tiré à 1,100 exemplaires au printemps de 1863, le roman fut annoncé

au début d'avril comme étant « en vente chez les éditeurs, MM. Desbarats, et chez tous les libraires » (*Le Journal de Québec,* XXI no 39, 2 avril 1863) au prix d'un dollar, ou de 75 cents aux abonnés du *Foyer canadien,* qui bénéficiaient d'une réduction. Le succès fut immédiat; il dure encore.

Mentionnons ici que de Gaspé nous a laissé aussi des *Mémoires* (Ottawa, G. E. Desbarats, 1866. 563 p.) et des *Divers* posthumes (Montréal, C. O. Beauchemin & fils, 1893. 145 p.).

A CONSULTER

422 « A la mémoire des anciens seigneurs », *L'Événement,* XLVII no 44 (5 juillet 1913) p. 11
[Une plaque commémorative posée à Saint-Jean-Port-Joli]

423 « L'Arbre de mai au Canada », *L'Écho du Cabinet de lecture paroissial,* VI (1864) pp. 151–153
[Article sur cette coutume, avec allusion au roman]

424 [ASSOMPTION, COLLÈGE DE L'], *Le 19 janvier 1865 au Collège L'Assomption* [*sic*], Montréal, Eusèbe Senécal, 1865. 75 p.
« Prologue du mélodrame », pp. 36–39
« Distribution des rôles », p. 39
« Canevas du mélodrame », pp. 40–41
[Représentation privée d'un drame tiré du roman par les RR.PP. Camille Caisse et J.-Arcade Laporte. Voir no 382]
Voir aussi: la brochure suivante; BELLERIVE, GEORGES, no 62; et FORGET, abbé ANASTASE, no 463]

425 ———, *Biographie et oraison funèbre du Révd M. F. Labelle et autres documents relatifs à sa mémoire, ainsi qu'à la visite de Philippe Aubert de Gaspé Écr au Collège l'Assomption, suivis d'une lettre de Mgr de Montréal et d'un bref du Souverain Pontife,* Montréal, Imprimerie de la Minerve, 1865. 85 p.
« Compte-rendu des exercices littéraires au Collège l'Assomption les 10, 11 et 12 juillet 1865 », p. 9
« Prologue du mélodrame », pp. 50–54
« Discours à la mémoire du Révd M. F. Labelle et en l'honneur de Ph. Aubert de Gaspé, Ecr, prononcé par le Rév. M. N. Barret,… 12 juillet », pp. 55–67
« Réponse de M. de Gaspé à M. le Supérieur », pp. 67–68
[Représentation publique du même drame, en présence de l'auteur du roman. Ces événements furent rapportés dans *La Minerve,* XXXVII no 256 (14 juillet 1865) p. 2]

426 ———, *Hommage d'un médaillon présenté par M. Maximilien Bibaud…,* Montréal, Imprimerie de la Minerve, 1865
« *Les Anciens Canadiens* et M. de Gaspé », par M. Augustin Provost, élève de philosophie, pp. 12–15
[Médaille présentée par F.-M.-U.-M. BIBAUD pour commémorer la visite du romancier; elle est conservée au musée du Collège. Ces événements furent rapportés dans *La Minerve,* XXXVIII no 41 (26 octobre 1865) p. 2]

427 AUBERT DE GASPÉ, PHILIPPE-JOSEPH, « Une lettre de P.-A. de Gaspé à sa
      fille, Mme Fraser », *Le Bulletin des recherches historiques,* LVIII (1952)
      pp. 115–116
      [Lettre du 28 décembre 1862. Voir les « Notes » plus haut, au no 421]

      BAILLAIRGÉ, abbé FRÉDÉRIC-ALEXANDRE. Voir LEMAY, GEORGES, no 477

428 BEAUBIEN, abbé CHARLES-PHILIPPE, « Philippe Aubert de Gaspé » dans
      Écrin d'amour familial..., Montréal, Arbour et Dupont, 1914, pp.
      215–218

429 BÉDIER, JOSEPH et PAUL HAZARD, *Littérature française* (voir no 59), t. II,
      p. 489 avec portr.

430 BÉGIN, abbé ÉMILE, « La Danse des sorciers », *L'Enseignement secondaire,*
      XXI (1942) pp. 390–398
      [Texte expliqué, tiré du chapitre III du roman]

431 BELLERIVE, GEORGES, « L'abbé Camille Caisse » et « Georges Monarque »
      dans *Nos auteurs dramatiques...* (voir no 62), pp. 15, 117
      [Drames tirés des *Anciens Canadiens*]

432 BELLESSORT, ANDRÉ, « Les Souvenirs d'un seigneur canadien », *La Revue
      des deux mondes,* XXVIII (1915) pp. 646–672. Reproduit dans ses *Reflets
      de la vieille Amérique,* Paris, Perrin, 1923, pp. 216–258
      [Sur les *Mémoires*]

433 BENDER, L.-P., *Literary Sheaves...* (voir no 63), pp. 63–68

434 BOYER, SIMONE, « Notes bio-bibliographiques sur Philippe Aubert de
      Gaspé », Montréal, 1948. iv, 13 f.
      [Thèse présentée à l'École de Bibliothécaires de l'Université de Montréal.
      Dactylographiée. Sur microfilm, voir no 36, bobine no 6. « Le présent travail
      se borne à donner l'inventaire des éditions de la Bibliothèque municipale et
      de la Bibliothèque Saint-Sulpice »]

435 BRUNET, BERTHELOT, « Un aimable radoteur », *L'Ordre,* I no 198 (3
      novembre 1934) p. 4

436 BURQUE, abbé FRANÇOIS-XAVIER, « Les Mots populaires dans la littérature
      canadienne-française », *Bulletin du parler français au Canada,* IV
      (1905–1906) pp. 61–62, 101–102, 142–145, 182–184
      [Liste, par ordre alphabétique, de mots populaires, dont plusieurs tirés du
      roman]

437 « The Canadians of Old », *The Dublin Review* (London), nouv. sér. IV no 7
      (janvier 1865) pp. 248–249
      [Notice élogieuse de la traduction de Mme Pennée]

438 « The Canadians of Old », *The London Review,* CCXXVI (29 octobre 1864)
      [Compte rendu de la traduction de Mme Pennée. *Non vidi.* Reproduit par
      l'abbé Casgrain dans le no 444]

439 CAPPON, JAMES, *Charles G. D. Roberts,* Toronto, The Ryerson Press,
      [s.d.]. 148 p.
      [Renseignements sur les éds de la traduction faite par Roberts, pp. 129, 131]

440　CASGRAIN, abbé HENRI-RAYMOND, « Les Anciens Canadiens », *La Minerve,*
　　　XXXV no 90 (21 avril 1863) pp. 1–2
　　　[Compte rendu reproduit dans ses *Œuvres complètes,* t. II, pp. 275–278]

441　———— [pseud. UN LITTÉRATEUR], « François de Bienville », *Le Courrier du*
　　　Canada, XIV no 121 (14 novembre 1870) p. 2
　　　[Décrit la visite de M. de Gaspé, qui lui apportait le manuscrit des *Anciens*
　　　Canadiens. Reproduit dans ses *Œuvres complètes,* t. II, pp. 271–272]

442　———— [pseud. SACERDOS], « Philippe Aubert de Gaspé », *Le Courrier du*
　　　Canada, XIV no 153 (30 janvier 1871) p. 2
　　　[Article nécrologique, reproduit dans ses *Œuvres complètes,* t. II, pp. 287–292]

443　————, « Philippe A. de Gaspé », *Le Courrier du Canada,* XV nos 4–7 (8–15
　　　février 1871)
　　　[Articles biographiques, reproduits avec des additions dans ses *Œuvres*
　　　complètes, t. II, pp. 239–293]

444　————, *Philippe Aubert de Gaspé,* Québec, Léger Brousseau, 1871. 123 p.
　　　[Tirage à part des art. précédents, pp. 5–115; cite, aux pp. 117–123, le texte
　　　anglais de l'art. du *London Review*]

445　————, « Philippe A. de Gaspé » dans ses *Œuvres complètes* (voir no 80),
　　　t. II, pp. 239–293
　　　[Texte des art. précédents]

446　————, *P. A. de Gaspé et Francis Parkman,* Montréal, Beauchemin &
　　　Valois, 1886. 151 p.
　　　[Autre tirage à part des art. précédents, pp. 1–86]

447　————, *De Gaspé et Garneau,* Montréal, Beauchemin, 1912. 140 p.
　　　[Autre tirage à part des art. précédents, pp. 11–66. Une nouvelle édition a
　　　paru chez Beauchemin en 1924; l'art. sur Aubert de Gaspé y occupe les pp.
　　　11–59]

448　————, « Les Souvenances canadiennes » (voir no 81), t. III, pp. 68, 76–86

449　CHARRON, abbé FORTUNAT, « Notre langue populaire dans *Les Anciens*
　　　Canadiens », *Bulletin du parler français au Canada,* XII (1914) pp.
　　　369–374

450　CHARTIER, Mgr ÉMILE, *La Vie de l'esprit au Canada français, 1760–1925*
　　　(voir no 85), pp. 179–181

451　————, « Littérature canadienne. Philippe Aubert de Gaspé », *Lectures,*
　　　nouv. sér. VIII (1962) pp. 170–171
　　　[Compte rendu de l'éd. de 1961. Voir no 419]

452　« Chronique de la quinzaine », *L'Écho du Cabinet de lecture paroissial,* V
　　　(1863) pp. 113–116
　　　[Compte rendu suivi d'un extrait. Voir no 378]

453　CURRAN, VERNA ISOBEL, « Philippe-Joseph Aubert de Gaspé: His Life and
　　　Works », Toronto, 1957. 299 f.
　　　[« A Thesis submitted in conformity with the requirements for the degree of
　　　Doctor of Philosophy in the University of Toronto. » Dactylographiée.

Étude très utile, qui contient une description du manuscrit des *Anciens Canadiens,* pp. 56–60; sept lettres inédites, pp. 255–263, et une bonne bibliographie, pp. 283–299]

454 D., L.-O. [LAURENT-OLIVIER DAVID], « Feu M. Ph. Aubert de Gaspé », *L'Opinion publique,* II (1871) p. 157
[Nécrologie avec portr. à la p. 161]

455 DANDURAND, abbé ALBERT, *Le Roman canadien-français* (voir no 94), pp. 70–80

456 [DANIEL, FRANÇOIS], « La Famille de Gaspé » dans *Histoire des grandes familles françaises du Canada...* (voir no 95), pp. 347–370

457 DARVEAU, LOUIS-MICHEL, « De Gaspé » dans *Nos hommes de lettres* (voir no 96), pp. 242–250

458 DEGAGNE, abbé N., « Philippe Aubert de Gaspé, étude littéraire », *La Revue canadienne,* XXXI (1895) pp. 456–478 [*Mémoires*], 524–551 [*Les Anciens Canadiens*]

458a DESCHAMPS, NICOLE, « Les *Anciens Canadiens* de 1860; une société de seigneurs et de va-nu-pieds », *Études françaises,* I no 3 (octobre 1965) pp. 3–15
[Interprétation fantaisiste du roman, selon laquelle la « débâcle » serait la conquête de 1760 et Dumais représenterait les Canadiens français vaincus]

459 DUBOIS, abbé ÉMILE, « Philippe Aubert de Gaspé » dans *Autour du métier,* Montréal, L'Action française, 1922, pp. 35–51

460 DUFOUR, JOSEPH-DONAT, « Philippe Aubert de Gaspé, historien des anciennes mœurs canadiennes... », Sherbrooke, 1930. 58 f.
[Thèse de doctorat présentée à l'Université de Sherbrooke, d'après la bio-bibliographie de J.-D. Dufour préparée par la Sœur Georges-Étienne pour l'École de Bibliothécaires de l'Université de Montréal en 1946; pourtant nous n'avons pas pu retrouver cette thèse]

461 [FABRE, HECTOR], « M. de Gaspé, *L'Événement,* 4ᵉ année no 111 (30 janvier 1871) p. 2
[Article nécrologique]

462 FAUCHER DE SAINT-MAURICE, N.-H.-E., « P. Aubert de Gaspé » dans *Choses et autres...* (voir no 108), pp. 66–71
[Commentaire impressionniste par un contemporain illustre]

463 FORGET, abbé ANASTASE, *Histoire du Collège de l'Assomption,* Montréal, Imprimerie Populaire, [1933], pp. 202–203, 288–295, 436, 493
[Les deux représentations en 1865 du drame tiré des *Anciens Canadiens* par les RR.PP. Caisse et Laporte (voir nos 382, 424 et 425); notices biographiques de ces derniers]

464 FOURNIER, J. ARTHUR, « Mémorial de Saint-Jean-Port-Joli », Saint-Jean-Port-Joli, 1923. 570 f.
[Compilation dactylographiée, conservée au presbytère de l'église paroissiale de Saint-Jean-Port-Joli. L'essentiel de ce texte inédit a été incorporé dans le livre de GÉRARD OUELLET, voir no 486]

56   BIBLIOGRAPHIE CRITIQUE DU ROMAN CANADIEN-FRANÇAIS

465 FRASER, IAN FORBES, *The Spirit of French Canada* (voir no 110), pp. 29–32, 149–150

466 GÉRIN, LÉON, « L'Histoire véritable de deux revues québecoises »
[*Les Soirées canadiennes* et *Le Foyer canadien*], *Le Canada français,* XIII (1925) pp. 13–27
[Sur l'édition originale des *Anciens Canadiens,* voir pp. 22–23]

467 GERMAIN, ROLAND, « Blanche d'Haberville », *Lectures,* V (1948) pp. 235–236
[Compte rendu de la pièce de GEORGES MONARQUE, voir no 411]

468 GRANDBOIS, ALAIN, « Un type remarquable: Ph. Aubert de Gaspé »,
Le Petit Journal (9 juin 1963), p. A–42
[Cite un long passage du chap. VII, description du manoir d'Haberville]

469 GRIMES, E. MARGARET, « Philippe Aubert de Gaspé, Historian and Biographer of Canadians of Former Days », *The French Review,* XI (1937) pp. 12–23
[Étude sommaire, suivie d'une « Bibliography of French-Canadian Literature », pp. 23–24]

470 HALDEN, CHARLES AB DER, « Philippe Aubert de Gaspé » dans *Études de littérature canadienne-française* (voir no 121) pp. 43–52

HAZARD, PAUL. Voir BÉDIER, JOSEPH et PAUL HAZARD, no 429

471 JOBIN, ANTOINE-JOSEPH, *Visages littéraires du Canada français* (voir no 131), pp. 45–46, 156–164

472 JONES, FREDERICK MASON, *Le Roman canadien-français...* (voir no 132), pp. 109–112

473 LAROQUE DE ROQUEBRUNE, ROBERT, « Philippe Aubert de Gaspé », *L'Action,* III no 156 (4 avril 1914) p. 4

474 ———, « Famille Sans-nom », *Nova Francia,* III (1928) pp. 189–190
[Se demande si Jules Verne se serait inspiré des *Anciens Canadiens* en écrivant son roman]

475 LÉGER, JULES, *Le Canada français et son expression littéraire* (voir no 148), pp. 121–125

476 LELAND, MARINE, « Introducción a la literatura francocanadiense » dans *Colección panamericana, 6. Dos culturas canadienses...* (voir no 409), pp. vi–xxxii
[Sur *Les Anciens Canadiens,* voir les pp. xxii–xxiii]

477 LEMAY, GEORGES, « *Les Anciens Canadiens* traduit en anglais » dans abbé Frédéric-Alexandre Baillairgé, *La Littérature au Canada en 1890* (voir no 55), pp. 307–308
[Compte rendu de la traduction de C. G. D. ROBERTS]

478 LE MOINE, JAMES MACPHERSON, « P. A. de Gaspé, the Laird of Haberville Manor » dans *Maple Leaves. Canadian History, Literature,* Québec, Demers, 1894, t. VI, pp. 175–197

479 LESAGE, JULES-SIMÉON, « Ph. A. de Gaspé » et « *Les Anciens Canadiens* »
     dans *Notes biographiques — Propos littéraires* (voir no 152) pp. 7–14,
     15–18

     LITTÉRATEUR, UN [pseud.]. Voir CASGRAIN, abbé HENRI-RAYMOND, no 441

480 MCKENZIE, MARJORIE, « Canadian History in the French-Canadian Novel »
     (voir no 157), pp. 63–77, 203–214
     [Sur *Les Anciens Canadiens,* voir les pp. 63–72]

     MAHEUX, abbé ARTHUR. Voir POTVIN, abbé PASCAL et abbé ARTHUR
     MAHEUX, no 490

     MARIE DE SAINT-FRANÇOIS GEORGES, Sr, c.s.c. Voir SAINT-FRANÇOIS
     GEORGES, Sr MARIE DE, no 510

481 MARIE-EMMANUEL, Sr, o.s.u. « Philippe Aubert de Gaspé et ses contes »,
     [Ottawa, 1941.] 201 f.
     [Thèse de maîtrise, présentée à l'Université d'Ottawa. Travail sans prétentions
     scientifiques, où l'auteur brode sur les écrits du romancier. Sans biblio-
     graphie]

482 MASSICOTTE, ÉDOUARD-ZOTIQUE, « La Plantation du mai dans le bon vieux
     temps », *Le Bulletin des recherches historiques,* XXVI (1920) pp. 154–156

483 ——, « Les Sorcières de l'Île d'Orléans », *Le Bulletin des recherches
     historiques,* XXXV (1929) pp. 51–52

484 ——, « Les Pendus encagés », *Le Bulletin des recherches historiques,*
     XXXVII (1931) pp. 427–432
     [Articles sur trois sujets traités dans le roman]

485 MORGAN, HENRY JAMES, *Bibliotheca Canadensis...* (voir no 38), p. 99

486 OUELLET, GÉRARD, *Ma paroisse, Saint-Jean Port-Joly,* [Lévis, 1946]. xvi,
     348 p.
     [Étude indispensable pour l'histoire de la paroisse. Voir surtout les pp. 131–
     133, 155–156, 166–169, 175–177 et 254]

487 « Philippe Aubert de Gaspé », *Le Propagateur,* VI nos 5/6 (janvier/février
     1919), pp. 1 et 15. Reproduit dans *Biographies et Portraits d'écrivains
     canadiens...* (voir no 68), pp. 89–94
     [Brève biographie basée sur celle rédigée par l'abbé Casgrain]

488 PINEAULT-LÉVEILLÉ, Mme ERNESTINE [pseud. JOYBERTE SOULANGES],
     « Blanche d'Haberville », *L'Action française,* IV (1920) pp. 121–123
     [Apostrophe adressée à l'héroïne du roman]

489 POTVIN, DAMASE, « Les Médecins des *Mémoires* et des *Anciens Canadiens*
     de Philippe Aubert de Gaspé », *L'Information médicale et paramédicale,*
     VI (18 mai 1954) pp. 8–9

490 POTVIN, abbé PASCAL et abbé ARTHUR MAHEUX, « Les Correspondants de
     l'abbé Henri-Raymond Casgrain » dans *Mémoires de la Société royale
     du Canada,* 3ᵉ sér., XXXVII (1943), sect. 1, pp. 79–88
     [Le Fonds Casgrain des Arch. du Petit Séminaire de Québec contient 5
     lettres de Philippe Aubert de Gaspé à l'adresse de l'abbé Casgrain]

491   R., E., « Soirée dramatique des Rhétoricines » [sic], *L'Abeille du Petit Séminaire de Québec*, XIII no 16 (31 décembre 1879) pp. 63–64
      [Représentation d'un drame tiré des *Anciens Canadiens*]

492   RIÈSE, LAURE, « Philippe Aubert de Gaspé », *Le Cerf-Volant* (Paris), no 20 (janvier 1958) pp. 47–49

493   ROBIDOUX, RÉJEAN, o.m.i., « *Les Soirées canadiennes* et *Le Foyer canadien* dans le mouvement littéraire québécois de 1860 » (voir no 181), pp. 411–452
      [Extrait d'une thèse de diplôme d'études supérieures présentée à l'Université Laval en 1957. Voir aux pp. 419–420, une hypothèse sur la genèse des *Anciens Canadiens*]

494   ————, « Fortunes et infortunes de l'abbé Casgrain » (voir no 182), pp. 209–229
      [Que l'abbé Casgrain aurait fait publier l'éd. de 1877 sans s'embarrasser des droits d'auteur, pp. 216–217]

495   ROY, Mgr CAMILLE, « Étude sur *Les Anciens Canadiens* » dans *Mémoires de la Société royale du Canada*, 2ᵉ sér., XII (1906), sect. 1, pp. 83–118
      [Tiré à part : Ottawa, J. Hope, 1906]

496   ————, « A propos des *Anciens Canadiens* », *La Nouvelle-France*, V (1906) pp. 476–484
      [Extrait de son « Étude sur *Les Anciens Canadiens* », voir no 495]

497   ————, « Philippe Aubert de Gaspé d'après *Les Anciens Canadiens* », *La Nouvelle-France*, VIII (1909) pp. 158–168

498   ————, « Le Style des *Anciens Canadiens* », *La Nouvelle-France*, IX (1910) pp. 5–13

499   ————, « *Les Anciens Canadiens* » dans *Nouveaux Essais sur la littérature canadienne* (voir no 193), pp. 1–63. Paraît aussi dans ses *Romanciers de chez nous* (voir no 199), pp. 11–62
      [La meilleure étude d'ensemble]

500   ————, « Notre langue et nos traditions : une leçon des *Anciens Canadiens* » dans *Études et Croquis* (voir no 195), pp. 84–91

501   ————, « Blanche d'Haberville », *L'Enseignement secondaire*, XI (1931) p. 101
      [Compte rendu de la pièce de GEORGES MONARQUE, voir no 404]

502   ————, « Le Portrait de M. de Gaspé, d'après *Les Anciens Canadiens* » dans *Les Quarante Ans de la Société historique franco-américaine, 1899–1939*, Boston, [s.éd., 1940], p. 227
      [Résumé d'une conférence prononcée devant la Société le 22 octobre 1912]

503   ROY, JOSEPH-EDMOND, « La Fête du mai », *Le Bulletin des recherches historiques*, XXX (1924) pp. 146–152
      [Étude de la coutume décrite dans le roman]

504   ROY, PIERRE-GEORGES, « Ph.-Joseph Aubert de Gaspé » dans *La Famille Aubert de Gaspé*, Lévis, [s.éd.], 1907, pp. 113–130
      [Généalogie de la famille]

505 ——, « Philippe-Joseph Aubert de Gaspé » dans *Fils de Québec* (voir no 205), t. III, pp. 32–34
[Courte notice biographique]

506 ——, « Philippe-Joseph Aubert de Gaspé » dans *Les Avocats de la région de Québec* (voir no 205a), pp. 190, 460–461
[Courte notice biographique]

507 ——, « Les Légendes canadiennes », *Les Cahiers des Dix,* no 2 (1937) pp. 73–76
[Article reproduit en partie dans *A travers les « Anciens Canadiens »* de *Philippe Aubert de Gaspé,* voir no 508, pp. 138–141]

508 ——, *A travers les « Anciens Canadiens »* de *Philippe Aubert de Gaspé,* Montréal, Ducharme, 1943. 279 p.
[Source précieuse de renseignements, incorporant de nombreux articles tirés du *Bulletin des recherches historiques*]

509 ——, *A travers les « Mémoires »* de *Philippe Aubert de Gaspé,* Montréal, Ducharme, 1943. 296 p.

509a ——, « *Les Anciens Canadiens* de M. de Gaspé » dans *Toutes Petites Choses du régime anglais* (voir no 205b), t. II, pp. 270–271

SACERDOS [pseud.]. Voir CASGRAIN, abbé HENRI-RAYMOND, no 442

510 SAINT-FRANÇOIS GEORGES, Sr MARIE DE, c.s.e., « Philippe Aubert de Gaspé dans la littérature canadienne », Montréal, 1954. viii, 64 f.
[Thèse présentée à la Faculté des Lettres de l'Université de Montréal pour l'obtention du grade de maître ès arts. Dactylographiée. Bibliographie, pp. v–viii]

SOULANGES, JOYBERTE [pseud.]. Voir PINEAULT-LÉVEILLÉ, Mme ERNESTINE, no 488

511 SYLVESTRE, GUY, « Lettre à Jenny: l'homme et l'œuvre », *Notre Temps,* VII no 29 (17 mai 1952) p. 3
[Propose Aubert de Gaspé comme illustration des rapports entre le milieu et l'œuvre]

512 TASSIE, JAMES S., « Philippe Aubert de Gaspé » dans Robert L. McDougall (éd), *Our Living Tradition,* Second and Third Series, Toronto, University of Toronto Press, 1959, pp. 55–72
[Étude en langue anglaise; le conférencier situe l'œuvre de l'auteur dans son contexte historique et littéraire]

513 TREMBLAY, JULES, *Autour du roman « Les Anciens Canadiens »,* [s.l.n.éd., 1926]. 36 p.
[« Conférence donnée d'abord au Club littéraire canadien-français d'Ottawa... le 18 décembre 1923, et répétée le 15 novembre 1926 à Manchester, N.H. » Aperçu très général]

514 TRÉPANIER, JACQUELINE, « Bio-bibliographie de Philippe Aubert de Gaspé », Montréal, 1943. 26 f.
[Thèse présentée à l'École de Bibliothécaires de l'Université de Montréal. Dactylographiée. Sur microfilm (voir no 36), bobine no 6. Contient une notice biographique, une bibliographie sommaire et une liste de 35 « sources à consulter sur l'auteur »]

515 TRUDEL, MARCEL, *L'Influence de Voltaire au Canada* (voir no 226), t. I,
     pp. 41, 43; t. II, pp. 138–139, 259

BARTHE, GEORGES-ISIDORE
(Restigouche, N.-B., 16 novembre 1834–Ottawa, 11 août 1900)

DRAMES DE LA VIE RÉELLE

516 [1896]. Drames de la vie réelle; roman canadien, par G. I. Barthe. Prix
     50 cts. Enregistré conformément à l'acte du Parlement du Canada,
     l'an 1896, par J. A. Chênevert, au Ministère de l'Agriculture. Synopsis
     des matières faisant la base de cet ouvrage: Meurtre du Dr Taché, de
     Kamouraska, par le Dr Holmes, de Sorel. Comment on opérait la
     votation avant 1837. Meurtre de Marcoux par Jones, à Sorel. Comment
     s'administrait la justice criminelle avant 1837. Débâcles du Richelieu
     et du St-Laurent avant 1837, en 1865 et en 1896. Scènes émouvantes.
     J. A. Chênevert, Éditeur-Imprimeur, Sorel, P.Q. 91 p. [Titre de
     couverture]
     Bibliothèques: OTP, QMBM, QMSS, QQA, QQL, QQS

517 NOTES

     Pot-pourri d'anecdotes, de fait-divers et de coupures de journal, le volume
     fournit néanmoins des détails intéressants sur la grande inondation
     des îles de Sorel en 1865 (pp. 17–38) et même sur celle de 1896, récit
     anachronique que l'auteur se permet d'intercaler aux pp. 40–46.
         Barthe ne se fait pas illusion sur la qualité littéraire de son ouvrage.
     « J'ai écrit ces pages, dit-il, en peu de jours, pour chasser les idées
     noires, après ma destitution par le gouvernement de Québec... En me
     relisant, je constate que j'ai laissé courir ma plume et que mon travail
     tient plutôt de la chronique rétrospective ou du genre mémoire que
     du roman.» (p. 88)

A CONSULTER

518 COUILLARD-DESPRÉS, abbé AZARIE-ÉTIENNE, *Histoire de Sorel de ses
     origines à nos jours,* Montréal, Imprimerie des Sourds-Muets, 1926.
     343 p.
     [Détails sur le meurtre de Louis Marcoux, pp. 190–196; sur celui du docteur
     Taché, pp. 199–200; sur les inondations de 1862 et 1865, pp. 209–216; sur la
     carrière de Barthe, pp. 286–289]

519 « Georges-Isidore Barthe », *Le Monde illustré*, XVII (1900) p. 295
     [Biographie; aucune mention du roman]

520 MACKINTOSH, CHARLES H. (éd.) «Georges-Isidore Barthe » dans *The
     Canadian Parliamentary Companion and Annual Register,* Ottawa,
     Citizen Printing and Publishing Company, 1878, pp. 93–94
     [Barthe représenta Richelieu aux Communes, 1870–1872 et 1874–1878]

521 ROY, PIERRE-GEORGES, « La Famille Barthe », *Le Bulletin des recherches historiques,* XLI (1935), pp. 705–707
[G.-I. Barthe, p. 707]

522 VALLÉE, abbé HENRI, *Les Journaux trifluviens de 1817 à 1933,* Trois-Rivières, Éds du Bien Public, 1933. 89 p.
[G.-I. Barthe, journaliste, pp. 59–60. Se trompe en faisant remonter la publication du roman à 1887]

BEAUGRAND, MARIE-LOUIS-HONORÉ
(Lanoraie, 24 mars 1848–Westmount, 7 octobre 1906)

JEANNE LA FILEUSE

523 1875. En feuilleton dans *La République* (Fall-River, Mass.).
[*Non vidi.* Les numéros de ce journal éphémère, fondé d'abord par Beaugrand à Boston en 1875, et transporté par lui à Fall-River, à Saint-Louis, Missouri, et de nouveau à Fall-River, sont devenus presque introuvables. Voir no 529]

524 1878. Jeanne la fileuse; épisode de l'émigration franco-canadienne aux États-Unis, par H. Beaugrand. Fall-River, Mass., 1878. vi–300 [302] p.
« Introduction », pp. [iii]-vi
« Errata », p. [302]
Bibiothèques: BVaU, OTP, OTU, QMBM, QMSS, QMU, QQL, QQLa

525 1880. En feuilleton dans *La Patrie,* II nos 8–43 (3 mars–14 avril 1880)

526 1888. Jeanne la fileuse; épisode de l'émigration franco-canadienne aux États-Unis, par H. Beaugrand. Deuxième édition. Montréal, Des presses de *La Patrie,* 1888. 330 p.
« Préface de la deuxième édition », pp. [1]–3
« Préface de la première édition », pp. [5]–9
Bibliothèques: BVaU, OKQ, OONL, OTP, OTU, QMBM, QMM, QMSS

527 1896. Extrait, « L'Avare » dans *La Patrie,* XVIII no 263 (31 décembre 1896) p. 1

528 NOTES

Au dire de son auteur, *Jeanne la fileuse* « est moins un roman qu'un pamphlet; moins un travail littéraire qu'une réponse aux calomnies que l'on s'est plu à lancer dans certains cercles politiques contre les populations franco-canadiennes des États-Unis » (« Introduction », p. iii). Le livre présente des statistiques sur l'émigration et sur les salaires dans les filatures; le chap. VI de la 2ᵉ partie résume l'histoire de la ville de Fall-River.

Ajoutons que Beaugrand fut aussi l'auteur de plusieurs légendes canadiennes, dont la plus célèbre est sans doute « La Chasse-galerie », publiée d'abord dans *La Patrie,* XIII no 260 (13 décembre 1891) pp. 1–2.

A CONSULTER

529   BANCE, PIERRE, « Beaugrand et son temps », Ottawa, 1964. ix, 438 f.
[Thèse présentée à la Faculté des Arts de l'Université d'Ottawa en vue de l'obtention du doctorat en philosophie. Dactylographiée. L'étude se divise en quatre parties: « La Biographie de Beaugrand », pp. 1–92; « Beaugrand journaliste », pp. 93–161; « Beaugrand romancier et conteur », pp. 162–243; « Les Idées de Beaugrand », pp. 244–412. Bibliographie, pp. 431–438. Cette thèse volumineuse rendra service par l'abondance de sa documentation; l'on y trouve, par exemple, d'utiles renseignements sur le journal *La République*, fondé par Beaugrand, pp. 39–49. Pourtant il faut constater que l'étude de l'œuvre littéraire de Beaugrand reste nettement insuffisante.]

530   BARRY, ROBERTINE [pseud. FRANÇOISE], « Honoré Beaugrand », *Le Journal de Françoise*, VI (1907) pp. 214–215
[Hommage à l'occasion du premier anniversaire de la mort de Beaugrand]

531   BÉLISLE, ALEXANDRE, *Histoire de la presse franco-américaine...* (voir no 60), pp. 229 et *passim*
[Résume la carrière journalistique de Beaugrand]

532   COCHRANE, Rev. WILLIAM (éd.), « Honoré Beaugrand » dans *The Canadian Album. Men of Canada or Success by Example* (voir no 87), t. II, p. 290

533   DANDURAND, abbé ALBERT, *Le Roman canadien-français* (voir no 94), pp. 133–134

534   DESROSIERS, JOSEPH, « *Jeanne la fileuse* », *La Revue canadienne*, XV (1878) pp. 402–404
[Compte rendu plutôt défavorable]

FRANÇOISE [pseud.]. Voir BARRY, ROBERTINE, no 530

534a   HALDEN, CHARLES AB DER, *Études de littérature canadienne-française* (voir no 121), pp. 289–299

535   « Honoré Beaugrand », *Le Bulletin des recherches historiques*, XXXV (1929) p. 626
[Courte biographie et liste de ses ouvrages]

536   « *Jeanne la fileuse* », *L'Opinion publique*, IX (1878) p. 193
[Compte rendu anonyme qui résume la thèse du romancier]

537   JOLIETTE, SÉMINAIRE DE, « M. Honoré Beaugrand » dans *Les Anciens du Séminaire; écrivains et artistes*, Joliette, [s.éd., 1927], pp. 105–108
[Allusion, p. 107, à une « deuxième édition » du roman, parue en 1890; nous n'avons pas rencontré cette édition]

538   LAFRANCE, LUCIE, « Bio-bibliographie de M. Honoré Beaugrand, 1849–1906... » Préface de Mᵉ VICTOR MORIN. Montréal, 1948. 67 f.
[Thèse présentée à l'École de Bibliothécaires de l'Université de Montréal. Dactylographiée. Sur microfilm (voir no 36), bobine no 1. Excellent instrument de travail. Biographie, pp. 13–20; bibliographie des livres et articles de Beaugrand, pp. 21–32; sources à consulter sur l'auteur, pp. 33–51]

539   MARION, SÉRAPHIN, « Libéralisme canadien-français d'autrefois et d'aujourd'hui », *Les Cahiers des Dix*, XXVIII (1963) pp. 9–45
[Le libéralisme de Beaugrand]

540 MORGAN, HENRY JAMES, « Honoré Beaugrand » dans *The Canadian Men and Women of the Time...* (voir no 166), First Edition, p. 60

541 THERRIAULT, Sr MARY-CARMEL, *La Littérature française de Nouvelle-Angleterre* (voir no 224), pp. 233–237 et *passim*

542 TRÉPANIER, LÉON, *Figures de maires,* Montréal, Éds des Dix, 1955, pp. 160–165. Tirage à part d'une étude parue dans *Les Cahiers des Dix,* XX (1955) pp. 149–173
[Beaugrand maire de Montréal]

543 TRUDEL, MARCEL, *L'Influence de Voltaire au Canada* (voir no 226) t. II, pp. 213–215, 261
[L'anticléricalisme de Beaugrand]

BERTHELOT, HECTOR
(Trois-Rivières, 4 mars 1842–Montréal, 15 septembre 1895)

LES MYSTÈRES DE MONTRÉAL

544 1898. Les Mystères de Montréal; roman de mœurs, par Hector Berthelot. [Portr. de l'auteur]. Montréal, Imprimerie A. P. Pigeon, 1798, rue Ste-Catherine, 1898. 118 p.
Bibliothèques: OKQ, QQA, QQLa

545 1901. Les Mystères de Montréal; roman de mœurs, par Hector Berthelot. [Portr. de l'auteur]. Montréal, Imprimerie A. P. Pigeon, 1798, rue Ste-Catherine, 1901. 118 p.
Bibliothèques: BVaU, QMSS, QQL

546 [s.d.]. Quatrième [*sic*] édition. Les Mystères de Montréal; roman de mœurs, [Portr. de l'auteur], par Hector Berthelot. [s.l.n.éd.]. 144 p.
[A la couverture: « Imp. A.-P. Pigeon, limitée, 105 à 109, rue Ontario est.» Le texte finit à la p. 140; les pages 141–144 sont consacrées à des annonces]
Bibliothèques: QMBM, OTV

A CONSULTER

547 ROY, PIERRE-GEORGES, « Hector Berthelot » dans *Les Avocats de la région de Québec* (voir no 205a), pp. 40–41
[Brève notice biographique]

548 TASSÉ, HENRIETTE, *La Vie humoristique d'Hector Berthelot,* Montréal, Éds Albert Lévesque, 1934. 239 p.
[Biographie plutôt fantaisiste]

BIBAUD, ADÈLE
(Montréal, 3 mai 1857–Montréal, 14 février 1941)

TROIS ANS EN CANADA (= AVANT LA CONQUÊTE)

549 1887. Trois ans en Canada, par Eleda Gonneville. (Nouveau roman canadien illustré). Prix 25 cts. Montréal, 1887. 44 p. [Titre de couverture. Au bas de la p. 44: « O. Bibaud, Imprimeur »]
Bibliothèques: NSWA, QMBM, QMSS, QQL

550   1904. Adèle Bibaud. Avant la conquête; épisode de la guerre de 1757. Montréal, The Montreal Printing & Publishing Co., Limited, 1904. 172 p.
[Version revue et augm. de *Trois ans en Canada*]
Bibliothèques: BVAU, OONL, OOSJ, OTP, OTU, QMBM, QMSS, QMU, QQA, QQL, QQLa

551   NOTES

Fille du docteur Jean-Gaspard Bibaud et de Virginie Pelletier, Adèle Bibaud n'a pas laissé beaucoup de traces. Nous devons à sa plume plusieurs petits romans et nouvelles, ainsi qu'une deuxième édition (1891) du *Panthéon canadien* (voir no 67) de son oncle F.-M.-U.-M. Bibaud, à laquelle elle a collaboré avec sa sœur Victoria. Ses principaux volumes publiés après 1900 sont:

a) *Le Secret de la marquise. Un homme d'honneur,* [suivi des *Poésies* de Michel Bibaud], Montréal, Imprimerie P. H. Dalaire, [1906]. 128 p.
b) *Lionel Duvernoy,* Montréal, [s.éd.], 1912. 83 p. [Le volume contient quatre récits: « Lionel Duvernoy », pp. 3–20; « Une lettre anonyme », pp. 21–54; « Noémi », pp. 55–77; « Le Grand Cœur de l'ouvrier canadien », pp. 79–83]
c) *Les Fiancés de St-Eustache,* Montréal, [s.éd.], 1910. [vii], 163 p.

Dans une lettre écrite à Louis Fréchette le 1er septembre 1906 pour lui offrir son dernier volume, Adèle Bibaud déclara que dans sa nouvelle *Un homme d'honneur* elle s'était efforcée d'éviter « les fautes de style que vous avez eu la bonté de me signaler, lorsque vous avez parcouru *Avant la conquête* » (voir plus bas, no 553).

A CONSULTER

552   BELLERIVE, GEORGES, « Mlle Adèle Bibaud » dans *Brèves apologies de nos auteurs féminins* (voir no 61), pp. 49–51
[Avec portr. L'auteur se trompe sans doute en attribuant à Adèle Bibaud le feuilleton *L'Enfant perdu,* publié dans *Le Monde* de Montréal, xv nos 57–136 (21 octobre 1881–26 janvier 1882)]

553   BIBAUD, ADÈLE, Lettre autographe adressée à Louis Fréchette le 1er septembre 1906, conservée dans le Fonds Mercier des Arch. nationales du Canada, correspondance générale de Fréchette, p. 318

554   DROLET, A., *Bibliographie du roman canadien-français, 1900–1950* (voir no 12), pp. 39–40
[Liste des ouvrages d'Adèle Bibaud parus après 1900]

555   FRÉCHETTE, LOUIS-HONORÉ, « Petit courrier littéraire. *Avant la conquête* », *Le Journal de Françoise,* iii (1905) pp. 613–614

BOIS, abbé LOUIS-ÉDOUARD
      Voir « POUTRÉ, FÉLIX »

BOUCHER DE BOUCHERVILLE, PIERRE-GEORGES-PRÉVOST
(Québec, 21 Octobre 1814–Saint-Laurent, Î.O., 6 septembre 1894)

UNE DE PERDUE, DEUX DE TROUVÉES

556 1849. En feuilleton dans l'*Album littéraire et musical de la Minerve*, IV no 1–VI no 6 (janvier 1849–juin 1851)
[Sans nom d'auteur; 32 chapitres seulement]

557 1864. En feuilleton dans *La Revue canadienne*, I no 1–II no 7 (janvier 1864–juillet 1865)
[Chapitres I à XLIX et l'Épilogue; il n'y a pas de chapitre chiffré XXIII]

558 1874. Une de perdue, deux de trouvées, par George [*sic*] de Boucherville. Tome premier [second]. Montréal, Eusèbe Senécal, Imprimeur-Éditeur, Rue St. Vincent, 6, 8 et 10, 1874. 2 vol., viii, 375 [377] p. et 356 [357] p.
« Avertissement de l'éditeur », t. I, pp. [vii]–viii
Bibliothèques: OOU, OTP, QMBM, QMSS, QMU, QQL, QQLa
[Cette édition a paru aussi avec l'adresse bibliographique: « Canada. En vente chez tous les libraires et les principaux marchands », s.d.]
Bibliothèques: OKQ, OONL

559 1913. Une de perdue, deux de trouvées, par Georges de Boucherville. Montréal, Librairie Beauchemin, limitée, 79, rue Saint Jacques, 1913. 363 [364] p.
(Bibliothèque canadienne, collection Jacques Cartier, no 804)
[Portr. de l'auteur en face de la page-titre]
Bibliothèques: BVAU, OOCC, OONL, OOSJ, OTU, QMBM, QQL, QQLa

560 1925. Une de perdue, deux de trouvées, par Georges de Boucherville. Montréal, Librairie Beauchemin, limitée, 30, rue St-Gabriel, 1925. 315 [316] p.
(Bibliothèque canadienne, collection Jacques Cartier, no 804 B)
[Portr. de l'auteur en face de la page-titre]
Bibliothèques: OKR, QMBM, QMG, QMSS

561 1925. En feuilleton dans *L'Apôtre* (Québec), VII nos 1–12 (septembre 1925–août 1926)

562 1931. Une de perdue, deux de trouvées, par Georges de Boucherville. Montréal, Éditions Beauchemin, 1931. 317 [319] p.
(Bibliothèque canadienne, collection Lévis, no 901 B)
[Portr. de l'auteur en face de la page-titre]
Bibliothèques: QMBM, QMM, QQLa

563 1942. Une de perdue, deux de trouvées, par Georges de Boucherville. Montréal, Librairie Beauchemin, limitée, 430, rue Saint-Gabriel, 430, 1942. 317 [319] p.
(Bibliothèque canadienne, collection Lévis, no 901)
[Portr. de l'auteur en face de la page-titre]

564 1954. Une de perdue, deux de trouvées, par Georges de Boucherville.
Montréal, Éditions Beauchemin, 1953. 317 [319] p.
(Bibliothèque canadienne, collection Lévis, no 901)
[Portr. de l'auteur en face de la page-titre]

565 [s.d.]. Une de perdue, deux de trouvées, drame en 5 actes par A. Y. Brazeau,
inédit.
[Le *Catalogue* de Ducharme, au no 19891, annonçait un fragment du ms,
contenant les deux premiers actes]

566 NOTES

S'étant exilé volontairement en Louisiane après les troubles de 1837,
l'auteur trouva là-bas le décor de la première partie de son récit.
Treize ans plus tard, rentré au Canada, il termina le roman en plaquant
sur son récit louisianais un paisible roman de mœurs canadiennes,
moins émouvant que l'autre, mais qui cadrait mieux avec le romantisme
patriotique de la génération de 1860. Le livre trouva des lecteurs qui
le « réclamaient avec instances » auprès de la direction de l'*Album
littéraire et musical de la Minerve* (t. VI no 6 [juin 1851] p. 236), et en
1874 l'éditeur Senécal crut répondre « aux pressantes sollicitations des
nombreux amis de notre littérature » en en tirant une édition à 3,000
ex. (« Avertissement de l'éditeur », p. viii).

A CONSULTER

567 « *Album littéraire et musical de la Minerve...* » [série de comptes-rendus
sous ce titre dans] *Les Mélanges religieux,* XIII no 10 (23 novembre
1849) p. 75; XIII no 28 (24 décembre 1849) p. 111; XIII no 61 (19 avril
1850) p. 241; XIII no 92 (2 août 1850) p. 359; XIV no 4 (4 octobre 1850)
p. 15. Le dernier de ces articles fut reproduit dans *La Minerve,* XXIII
no 11 (14 octobre 1850) p. 2
[Dans chacun de ces articles consacrés à une livraison de l'*Album...,* il y a
une appréciation de la tranche du roman de Boucherville qui y avait paru]

568 DANDURAND, abbé A., *Le Roman canadien-français* (voir no 94), pp. 61–67
[Résumé et analyse. Le critique étudie les deux parties du récit sans essayer de
les rattacher aux deux étapes de la composition du roman. Mme de Saint-
Dizier y est désignée sous le nom de « Mme de Saint-Didier »]

569 [DANIEL, FRANÇOIS], « La Famille de Boucherville » dans *Histoire des
grandes familles françaises du Canada...* (voir no 95), pp. 217–250

570 FAUTEUX, AEGIDIUS, « Pierre-Georges-Prévost Boucher de Boucherville »
dans *Patriotes de 1837–1838,* Montréal, Éds des Dix, 1950, pp. 125–126

571 HAYNE, DAVID M., « Les Origines du roman canadien-français » (voir no
125), surtout pp. 61–62

572 JONES, F. M., *Le Roman canadien-français...* (voir no 132), pp. 117–119

573 LALANDE, R.P. LOUIS, s.j., « Famille de Boucherville » dans *Une vieille
seigneurie, Boucherville,* Montréal, Cadieux et Derome, 1890, pp.
14–100

LAPERRIÈRE, AUGUSTE. Voir LÉPINE, PLACIDE, no 574

574 LÉPINE, PLACIDE [pseud.], « Silhouettes littéraires: G. de Boucherville », *L'Opinion publique,* III (1872) p. 86. Reproduit dans AUGUSTE LAPER-RIÈRE (comp.), *Les Guêpes canadiennes* (voir no 137), t. I, pp. 211–218 [Longue appréciation du roman par l'abbé H.-R. Casgrain et Joseph Marmette. Les critiques comparent la scène du cachot à celle des *Mystères de Paris* d'Eugène Suë]

575 LESAGE, J.-S., *Notes biographiques — Propos littéraires* (voir no 152), pp. 110–117

576 MASSICOTTE, ÉDOUARD-ZOTIQUE, « Deux fois marié le même jour », *Le Bulletin des recherches historiques,* XXVII (1921) p. 191

577 MORGAN, H. J., *Bibliotheca Canadensis...* (voir no 38), pp. 98–99

578 RIOPEL, MARIE-ANGE, « Bibliographie de Georges Boucher de Boucherville, avocat, précédée d'une notice biographique, Montréal, 1945. 30 f [Thèse présentée à l'École de Bibliothécaires de l'Université de Montréal. Dactylographiée. Sur microfilm (voir no 36), bobine no 2. Très utile: fournit notamment des renseignements bibliographiques sur les débuts littéraires du romancier dans *L'Ami du peuple,* 1835]

579 ROY, PIERRE-GEORGES, « Pierre-Georges Boucher de Boucherville » dans *Fils de Québec* (voir no 205), t. IV, pp. 1–2

579a ———, « Pierre-Georges Boucher de Boucherville » dans *Les Avocats de la région de Québec* (voir no 205a), p. 55

580 TRÉPANIER, LÉON, « Il épouse deux fois la même femme, le même jour » dans *On veut savoir,* [Montréal, Imprimerie de la Patrie], décembre 1960, pp. 8–10

BOURASSA, NAPOLÉON
(L'Acadie, 21 octobre 1827–Lachenaie, 27 août 1916)

JACQUES ET MARIE

581 1865. En feuilleton dans *La Revue canadienne,* t. II no 7–t. III no 8 (juillet 1865–août 1866)

582 1866. Reproduit de la « Revue Canadienne ». Jacques et Marie, souvenir d'un peuple dispersé, par Napoléon Bourassa. [deux citations]. Montréal, Eusèbe Senécal, Imprimeur-Éditeur, rue Saint-Vincent, nos 6, 8 et 10, 1866. 306 p.
« Prologue », pp. [5]–9
« Notes historiques », pp. [299]–306
Bibliothèques: NSHPL, OONL, OTU, QMBM, QMSS, QMU, QQA, QQL, QQLa

583	1886. Napoléon Bourassa. Jacques et Marie, souvenir d'un peuple dispersé.
Deuxième édition. [deux citations]. Montréal, Librairie Saint-Joseph,
Cadieux & Derome, 1886. 290 p.
« Prologue », pp. [5]–8
« Notes historiques », pp. [283]–290
Bibliothèques: BVaU, NBFL, OTP, QMBM, QMSS, QQL, QQLa

584	[1944]. Napoléon Bourassa. Jacques et Marie (Souvenirs [*sic*] d'un peuple
dispersé). I. Le Départ de Grand-Pré. Nouvelle édition d'après un
exemplaire revu et corrigé par l'auteur, avec notes par Eugène Achard.
Montréal, Librairie Générale Canadienne, 5608 ave Stirling. 4 vol. de
[144], [144], [144] et [143] p.
[Les autres volumes portent les sous-titres suivants:]
II. Le Retour à Grand-Pré
III. La Nuit rouge de Grand-Pré
IV. La Petite Cadie
« Avertissement pour cette nouvelle édition », t. I, pp. [7]–11. [Affirme que
Bourassa préparait une troisième éd. de son roman et que l'éditeur s'est servi
de son exemplaire corrigé]
Bibliothèques: BVaU, OKQ, OKR, OONL, QMBM, QMSS, QQL, QQLa, SSU

585	[1957]. Napoléon Bourassa. [Jacques et Marie. Souvenirs [*sic*] d'un
peuple dispersé.] Le Départ de Grand-Pré. Texte revu et complété par
Eugène Achard. Éditions Eugène Achard, Librairie Générale Cana-
dienne, 5608, ave Stirling, Montréal. 4 vol. de [144], [144], [144] et [143] p.
(Collection pour la jeunesse canadienne. Les Grandes Aventures)
[Les autres volumes portent les sous-titres de l'édition de 1944]

586	NOTES

Né et élevé dans une paroisse fondée par des réfugiés acadiens, Bourassa,
devenu premier directeur de la *Revue Canadienne,* s'est fait auteur
pour raconter « l'événement lugubre » de 1755. Encouragé par ses « amis
et confrères de la *Revue* », il composait les livraisons de son roman au
fur et à mesure que paraissaient les numéros de la revue (voir no 592)
et affirmait dans son Prologue: « Je n'aurais jamais eu l'idée d'écrire
tant de pages, si on ne m'eût pas demandé de le faire » (p. 7).

A CONSULTER

587	AUCLAIR, abbé É.-J.-A., « M. Napoléon Bourassa », *La Revue canadienne,*
nouv. sér., XVIII (1916) pp. 193–195
[Notice nécrologique]

588	———, « Monsieur Napoléon Bourassa » dans *Figures canadiennes* (voir
no 51), t. II, pp. 78–85
[Esquisse biographique]

589	BEAUDET, SUZANNE, « Bio-bibliographie de M. Napoléon Bourassa »,
Montréal, 1944. 28 f.
[Thèse présentée à l'École de Bibliothécaires de l'Université de Montréal.
Dactylographiée. Sur microfilm (voir no 36), bobine no 2. Utile surtout pour
les articles de journal, nécrologies, etc.]

590 BELLERIVE, GEORGES, « M. Napoléon Bourassa » dans *Artistes-peintres canadiens-français: les anciens,* 2ᵉ sér., Québec, Garneau, 1926, pp. 43–78
(Une autre éd., Montréal, Beauchemin, 1927, pp. 94–127)

591 BOURASSA, NAPOLÉON, « Quelques notes sur M. l'abbé Barbarin » dans *Mélanges littéraires; causeries et discours,* Montréal, Beauchemin, 1887, pp. 103–110
[L'influence exercée sur Bourassa par un professeur du Collège de Montréal]

592 ———, *Lettres d'un artist canadien: N. Bourassa,* Desclée de Brouwer, [1929]. 496 p.
[Dans une lettre datée de « Montréal 1865 », l'auteur énumère ses occupations, dont « deux ou trois livraisons de *Jacques et Marie* à fabriquer avant les fêtes », p. 53. Dans une étude préliminaire Adine Bourassa, fille de l'écrivain, parle de son père et de ses lettres]

592a BROSSEAU, JEAN-DOMINIQUE, o.p., « A propos de l'œuvre de Napoléon Bourassa », *Revue dominicaine,* 23ᵉ Année (1917) pp. 172–175
[Son œuvre de peintre]

593 CHAMBERLAND, abbé MICHEL, « Napoléon Bourassa » dans *Histoire de Montebello, 1815–1928,* Montréal, Imprimerie des Sourds-Muets, 1929, pp. 91–93
[Portr. de Bourassa en face de la p. 91]

594 DANDURAND, abbé A., *Le Roman canadien-français* (voir no 94), pp. 80–93
[Résumé et analyse; souligne la beauté des descriptions chez cet écrivain peintre de profession]

595 FABRE, HECTOR, « Écrivains canadiens: M. N. Bourassa », *La Revue canadienne,* III (1866) pp. 727–750
[Surtout les pp. 735–749 sur le roman]

596 GAUDET, PLACIDE, « Les Auteurs paternels et maternels de feu Monsieur Napoléon Bourassa », *Le Pays laurentien,* I (1916) pp. 286–287
[Étude généalogique: Bourassa n'avait pas de sang acadien dans les veines]

597 GRONDIN, MARGUERITE, « Notes bio-bibliographiques sur Monsieur Napoléon Bourassa, écrivain et artiste », Montréal, 1948. iii, 8 f.
[Thèse présentée à l'École de Bibliothécaires de l'Université de Montréal. Dactylographiée. Sur microfilm (voir no 36), bobine no 2. Compilation sommaire]

598 « *Jacques et Marie* », *La Minerve,* XXXIX no 84 (18 décembre 1866) p. 2

599 JONES, F. M., *Le Roman canadien-français...* (voir no 132), pp. 120–122, 141–142

600 LÉGER, J., *Le Canada français et son expression littéraire* (voir no 148), pp. 126–127
[La partie historique alourdit la marche du récit]

601 LEMIEUX, R., « Napoléon Bourassa », *France-Canada,* XXII (1927) pp. 252–253 et 382–387

602 LESAGE, J.-S., *Notes biographiques — Propos littéraires* (voir no 152), pp. 148–156
     [Appréciation élogieuse, illustrée de passages cités]

603 MCKENZIE, MARJORIE, « Canadian History in the French-Canadian Novel » (voir no 187), pp. 63–77, 203–214, surtout pp. 72–77

604 MAURAULT, Mgr OLIVIER, « Napoléon Bourassa » dans *Marges d'histoire, I: L'Art au Canada,* Montréal, L'Action canadienne-française, 1929, pp. 115–132
     [Sa carrière de peintre; petite mention de son roman à la p. 118]

605 ——, « Napoléon Bourassa, père des beaux-arts au Canada (1827–1916) », *Qui?,* I no 3 (décembre 1949) pp. 49–60
     [Remaniement de l'étude précédente, avec de belles illustrations; la meilleure étude d'ensemble de sa carrière de peintre]

606 « M. Napoléon Bourassa », *La Revue canadienne,* LXXI nouv. sér. XVIII (1916) pp. 193–195
     [Notice nécrologique]

606a MORISSET, GÉRARD, « Napoléon Bourassa et son école » dans *La Peinture traditionnelle au Canada français,* Montréal, Le Cercle du Livre de France, 1960, pp. 157–162

607 « Napoléon Bourassa » dans *The Canadian Biographical Dictionary and Portrait Gallery of Eminent and Self-made Men* (voir no 78), pp. 94–99

608 « Napoléon Bourassa — sa vie, son œuvre », *La Revue canadienne,* LXXI, nouv. sér. XVIII (1916) pp. 289–313
     [Sa carrière de peintre. Art. anon. écrit sans doute par Adine Bourassa, fille de l'écrivain]

CHAUVEAU, PIERRE-JOSEPH-OLIVIER
(Québec, 30 mai 1820–Québec, 4 avril 1890)

CHARLES GUÉRIN

609 1846. En feuilleton dans l'*Album littéraire et musical de la Revue canadienne,* I no 2–II no 3 (février 1846–mars 1847)
     [Anonyme. Incomplet]

610 1853. Charles Guérin, roman de mœurs canadiennes, par Pierre J. O. Chauveau. G. H. Cherrier, Éditeur, Montréal, des presses à vapeur de John Lovell, rue St. Nicolas, 1853. vii, 359 [362] p.
     « Avis de l'éditeur », pp. [iii]–vii
     « Notes de l'auteur », pp. [347]–359
     « Errata », p. [360]
     [Une seconde page-titre, celle du premier fascicule, porte la date 1852]
     Bibliothèques: BVAU, MWU, OONL, OOSJ, OTP, OTU, QMBM, QMM, QMSS, QMU, QQL, QQLa

611 1898. En feuilleton dans *La Revue canadienne,* XXXIV no 1–XXXV no 4 (janvier 1898–avril 1899), précédé d'une introduction par Ernest Gagnon, *ibid.,* XXXIII (1897) pp. 739–741

612 1899. En feuilleton dans l'*Album de la Revue canadienne, illustré de 11 photogravures en demi-ton et de plus de 100 gravures; contenant Charles Guérin, roman de mœurs canadiennes par P.-J.-O. Chauveau...,* Montréal, La Cie de Publication de la Revue canadienne, 1899, 976 p. [Texte complet en 12 tranches]

613 1900. Charles Guérin, roman de mœurs canadiennes, par Pierre-J.-O. Chauveau. Introduction de Ernest Gagnon. Illustrations de J.-B. Lagacé. Montréal, La Cie de Publication de la Revue canadienne, 1900. 384 p.
« Introduction » (Ernest Gagnon), pp. [5]–6
« Notes de l'auteur », pp. [359]–382
Bibliothèques: BVA, BVAU, OKQ, OKR, OONL, QMBM, QMSS, QMU, QQLa

614 [1903]. Dans la *Bibliographie canadienne,* 1906, de la maison Granger Frères (voir no 24) il est question d'une éd. de *Charles Guérin* parue en 1903. Nous n'avons pas trouvé trace de cette édition.

615 1925. Charles Guérin, roman de mœurs canadiennes, par Pierre-J.-O. Chauveau. Introduction de Ernest Gagnon. Montréal, Librairie Beauchemin, limitée, 30, rue St-Gabriel, 1925. 211 [212] p.
(Bibliothèque canadienne, collection Champlain, no 707 B)
« Introduction » (Ernest Gagnon), pp. [11]–12
« Notes de l'auteur », pp. [200]–211
Bibliothèques: OKQ, QMSS

616 [1962]. Extraits dans *Pierre-Joseph-Olivier Chauveau,* textes choisis et présentés par André Labarrère-Paulé, Montréal, Paris, Fides, [1962], pp. 23–46

617 NOTES

De nombreux chapitres de *Charles Guérin* avaient paru, sans nom d'auteur, dans l'*Album littéraire et musical de la Revue canadienne* lorsque la publication du feuilleton fut suspendue en mars 1847. Cinq ans plus tard, l'éditeur G. H. Cherrier acquit le manuscrit entier (« Avis de l'éditeur », p. v) et en commença la publication en six fascicules, dont le premier vit le jour en août 1852. Bien qu'on eût promis deux livraisons par mois, la dernière parut seulement au début de mars 1853, ce qui explique la présence dans l'édition originale de deux pages-titre dont l'une est datée 1852, l'autre 1853. Richement illustré pour l'époque, le volume se vendit 7 shillings 6 pence; les fascicules « eurent une circulation considérable à Québec et à Montréal; mais ils volèrent de main en main, s'éparpillèrent deça et delà, et rares furent les collectionneurs qui les firent relier en volume » (voir no 637, p. 739, ainsi que les annonces insérées dans les journaux de l'époque, par exemple dans *Le Moniteur canadien,* numéros des 17 juin, 26 août et 23 septembre 1852 et des 3 février et 17 mars 1853).

A CONSULTER

618   ACHINTRE, AUGUSTE, « Hon. P.-J.-O. Chauveau... » dans *Manuel électoral.*
      Portraits et dossiers parlementaires du premier parlement de Québec,
      2ᵉ éd., Montréal, Duvernay frères, 1871, pp. 3–4

619   AUCLAIR, abbé É.-J.-A., « L'Honorable Pierre Chauveau » dans *Figures*
      canadiennes (voir no 51), t. II, pp. 60–67
      [Biographie relevée de souvenirs personnels]

620   BEAUCHÊNE, ARTHUR, « Pierre Chauveau », *La Revue moderne,* III no 3
      (15 janvier 1922) pp. 24–25
      [Biographie; détails sur sa carrière politique]

621   BENDER, L.-P., « Hon. Pierre J. O. Chauveau » dans *Literary Sheaves...*
      (voir no 63), pp. 9–17
      [Surtout sa carrière comme surintendant de l'Instruction publique]

622   « Bibliographie: *Charles Guérin* », *La Minerve,* XXV no 31 (19 novembre
      1852) p. 2. Reproduite dans *Le Moniteur canadien,* VI no 9 (25 novem-
      bre 1852)

623   BORTHWICK, Rev. J. DOUGLAS, « P.-J.-O. Chauveau » dans *Montréal...*
      (voir no 69), p. 56
      [Avec portr.]

624   ———, « Pierre J. O. Chauveau » dans *History and Biographical Gazetteer*
      of Montreal to the Year 1892, Montreal, John Lovell, 1892, pp. 213–214
      [Note biographique]

625   BOURASSA, abbé GUSTAVE, « M. Chauveau et l'idée nationale », dans ses
      Conférences et Discours, Montréal, Beauchemin, 1899, pp. 179–215.

626   CASGRAIN, abbé HENRI-RAYMOND, « Critique littéraire » [Chauveau],
      L'Opinion publique, III (1872) pp. 385–386 et 397–398. Reproduite dans
      sa *Critique littéraire. Première livraison. Chauveau,* Québec, C. Dar-
      veau, 1872. 56 p.
      [Appréciation des poésies et du roman de Chauveau]

627   CHAPAIS, THOMAS, « L'Hon. P.-J.-O. Chauveau » dans *Mélanges...* (voir
      no 82), pp. 94–97

      CHARETTE, P.-PH. Voir OUIMET, CHARLES, no 653

628   C[HEVALIER], H. É., « *Charles Guérin* », *La Ruche littéraire et politique,*
      I (1853) pp. 106–108
      [Mérites et faiblesses du roman]

629   DANDURAND, abbé A., *Le Roman canadien-français* (voir no 94), pp. 47–54
      [Bonne étude, à l'exception de quelques erreurs de détail]

630   DARVEAU, L.-M., « Chauveau » dans *Nos hommes de lettres* (voir no 96),
      pp. 124–153
      [Surtout pp. 139–145 sur le roman]

631 DAVID, LAURENT-OLIVIER, « L'Hon. P. J. O. Chauveau », *L'Opinion publique*, I (1870) pp. 153–155. Tiré à part, avec le texte du discours du 18 juillet 1855, Montréal, Geo. E. Desbarats, 1872. 41 p. Reproduit dans ses *Biographies et Portraits*, Montréal, Beauchemin & Valois, 1876, pp. 189–199, suivi du texte du discours, pp. 200–207
[Biographie politique]

632 DENT, JOHN CHARLES, « The Hon. Pierre J. O. Chauveau » dans *The Canadian Portrait Gallery*, Toronto, John B. Magurn, 1880–1881, t. IV, pp. 199–200
[Portr. en couleurs]

632a DIONNE, NARCISSE-EUTROPE, « La Bibliothèque de la Législature: Le Fonds-Chauveau », *Le Courrier du livre*, II nos 13–19 (mai-novembre 1897)
Les livres ayant appartenu à Chauveau]

DOUGHTY, ARTHUR G. Voir SHORTT, ADAM and ARTHUR G. DOUGHTY, no 661

633 FALARDEAU, JEAN-CHARLES, « Le Désir du départ dans quelques anciens romans canadiens », *Recherches sociographiques*, IV (1963) pp. 219–223
[Étudie ce thème dans *Charles Guérin*]

633a ———, « Idéologies et thèmes sociaux dans trois romans canadiens du XIXᵉ siècle » dans *Notre société et son roman* (voir no 107), pp. 11–38
[Les thèmes de *Charles Guérin*, pp. 13–19]

FISKE, JOHN. Voir WILSON, JAMES GRANT et JOHN FISKE, no 666

634 FRASER, I. F., *Bibliography of French-Canadian Poetry* (voir no 15), pp. 53–55
[Les poésies de Chauveau]

635 FRÈRES DES ÉCOLES CHRÉTIENNES, « Pierre-Joseph-Olivier Chauveau » dans *A travers la littérature canadienne-française* (voir no 114), pp. 197–207
[Étude sommaire de l'œuvre de Chauveau]

636 GAGNON, ERNEST, « L'Esprit d'autrefois », *La Revue canadienne*, XXXII (1896) pp. 23–27. Reproduit dans ses *Choses d'autrefois. Feuilles éparses*, Québec, Dussault et Proulx, 1905, pp. 59–67.
[Le « comité de la pipe » du Parlement de 1851, dont Chauveau fut membre]

637 ———, « Bibliographie » [*Charles Guérin*], *La Revue canadienne*, XXXIII (1897) pp. 739–741. Reproduite dans ses *Nouvelles Pages choisies*, Québec, J.-P. Garneau, 1925, pp. 150–154.
[Cet article sert d'introduction à l'éd. de 1900, pp. 5–6]

638 GRANDFORT, Mme MANOËL DE, *L'Autre Monde*, Paris, Librairie Nouvelle, 2ᵉ éd., 1857, pp. 270–271, note
[Note élogieuse sur Charles Guérin]

639 HAYNE, DAVID M., « Les Origines du roman canadien-français » (voir no 125), surtout pp. 57–61

640 HÉBERT, THÉRÈSE-LOUISE, « Bio-bibliographie de Pierre-Joseph-Olivier
     Chauveau, LL.D. », Montréal, 1944. 95 f.
     [Thèse présentée à l'École de Bibliothécaires de l'Université de Montréal.
     Dactylographiée. Sur microfilm (voir no 36), bobine no 4. Excellent instru-
     ment de travail. Biographie de Chauveau, pp. 13–25; bibliographie, pp.
     26–52; sources à consulter sur Chauveau, pp. 53–70; chronologie, pp.
     72–76]

641 JONES, F. M., Le Roman canadien français... (voir no 132), pp. 101–108

642 LABARRÈRE-PAULÉ, ANDRÉ, Pierre-Joseph-Olivier Chauveau; textes choisis
     ..., Montréal, Paris, Fides, [1962]. 95 p. (Classiques canadiens)
     [Chronologie, pp. 13–14; note bibliographique, pp. 15–16; « Le Romancier »
     pp. 23–46]

     LAPERRIÈRE, AUGUSTE. Voir LÉPINE, PLACIDE, no 645

643 LEBEL, MAURICE, « P.-J.-O. Chauveau, humaniste du dix-neuvième siècle »
     dans Mémoires de la Société royale du Canada, 3e sér., LVI (1962), sect. 1,
     pp. 1–10. Publié aussi dans La Revue de l'Université Laval, XVII (1962–
     1963) pp. 32–42
     [« Allocution de M. Maurice Lebel, récipiendaire de la médaille Chauveau,
     prononcée à l'Université McMaster, Hamilton, le 5 juin 1962, lors du congrès
     annuel de la Société royale »]

644 LÉGER, J., Le Canada français et son expression littéraire (voir no 148),
     pp. 119–120

645 L[ÉPINE], P[LACIDE] [pseud.], « Silhouettes littéraires: Pierre J. O. Chau-
     veau », L'Opinion publique, III (1872) p. 122. Reproduit dans AUGUSTE
     LAPERRIÈRE (comp.), Les Guêpes canadiennes (voir no 137), t. I, pp.
     235–242
     [Appréciation malicieuse par un contemporain. Voir la réponse de A.-N.
     Montpetit, no 649]

646 LESAGE, J.-S., « P.-J.-O. Chauveau » dans Notes biographiques — Propos
     littéraires (voir no 152), pp. 101–109
     [Étude générale de son œuvre]

647 LUSIGNAN, ALPHONSE, « P.-J.-O. Chauveau » dans Coups d'œil et coups
     de plume, Ottawa, Le Free Press, 1884, pp. 253–255
     [Compte rendu de la biographie de Garneau rédigée par Chauveau]

648 MARION, SÉRAPHIN, « Notre troisième roman » dans « Nos trois premiers
     romans canadiens-français », Cahiers de l'École des Sciences sociales,
     politiques et économiques de Laval, II no 5 (1943) pp. 29–46. Reproduit
     dans Les Lettres canadiennes d'autrefois (voir no 161), t. IV, pp. 70–86
     [La meilleure étude d'ensemble]

649 MONTPETIT, ANDRÉ-NAPOLÉON, « M. Placide Lépine », L'Opinion publique,
     III (1872) p. 147
     [Réponse aux critiques de Placide Lépine. Voir no 645]

650 MORGAN, H. J., « Hon. P. J. O. Chauveau, LL.D. » dans Sketches of Cele-
     brated Canadians and Persons connected with Canada..., Quebec,
     Hunter, Rose, 1862, pp. 545–548

651 ——, *Bibliotheca Canadensis...* (voir no 38), pp. 72, 407

652 O'LEARY, DOSTALER, *Le Roman canadien-français* (voir no 169), pp. 44–46

653 OUIMET, CHARLES, « L'Hon. P. J. O. Chauveau, C.R. », *L'Album des familles,* VII (1882) pp. 177–180. Reproduit dans P.-Ph. Charette, *Noces d'or de la Société Saint-Jean Baptiste, 1834–1884,* Montréal, « Le Monde », 1884, pp. 494–504

654 « Pierre J.-O. Chauveau, Q.C., LL.D. » dans *The Canadian Biographical Dictionary and Portrait Gallery of Eminent and Self-made Men* (voir no 78), pp. 247–249

655 PUIBUSQUE, LOUIS-ADOLPHE DE, « De la littérature française au Canada. *Charles Guérin... L'Union* (Paris), nos 211, 213, 214 (27, 29 et 30 juillet 1855), p. 3
Reproduit dans *Le Canadien,* XXV no 47 (27 août 1855) pp. 1–2
[Le troisième article contient une appréciation du roman; c'est sans doute le premier compte rendu d'un roman canadien paru dans un périodique français]

656 ROUTHIER, ADOLPHE-BASILE, « L'Honorable P.-J.-O. Chauveau » *Le Canada-français,* III (1890) pp. 340–349. Reproduit dans ses *Conférences et Discours,* 2ᵉ sér., Montréal, Beauchemin, 1904, pp. 47–60

657 ——, « Éloge de l'hon. M. P.-J.-O. Chauveau, prononcé en 1890 à l'Université Laval » (voir no 189), pp. 31–45

658 ROY, PIERRE-GEORGES, « Ouvrages publiés par l'honorable P.-J.-O. Chauveau », *Le Bulletin des recherches historiques,* XXX (1924) pp. 178–179

659 ——, « L'Honorable Pierre-Joseph-Olivier Chauveau » dans *Fils de Québec* (voir no 205), t. IV, pp. 39–41

659a ——, « L'Hon. Pierre-Joseph-Olivier Chauveau » dans *Les Avocats de la région de Québec* (voir no 205a), p. 93

660 RUMILLY, ROBERT, *Histoire de la Province de Québec* (voir no 207), t. I, *passim*
[Chauveau premier ministre du gouvernement de la Province]

661 SHORTT, ADAM, and ARTHUR G. DOUGHTY (éds), « The Chauveau Administration » dans *Canada and Its Provinces* (voir no 192), t. XV, pp. 171–177

662 TACHÉ, LOUIS-H., *La Poésie française au Canada,* St. Hyacinthe, Imprimerie du Courrier de St. Hyacinthe, 1881, pp. 177–185, 277
[Choix de poèmes et brève biographie]

663 TARDIVEL, JULES-PAUL, « *Charles Guérin* » dans *Mélanges* (voir no 222), t. II, pp. 301–307
[Compte rendu favorable du roman, tiré du *Canadien*]

664 TAYLOR, FENNINGS, « P.-J.-O. Chauveau » dans *Portraits of British North Americans, 1865–1868,* Montréal, Wm. Notman, 1865–1868, t. III, pp. 91–100. Tiré à part, [s.l.n.d.], 12 p.

665   WADE, MASON, *The French Canadians, 1760-1945* (voir no 232), surtout pp. 291-292

666   WILSON, JAMES GRANT et JOHN FISKE (comp.), « Pierre-Joseph-Olivier Chauveau » dans *Appleton's Cyclopaedia of American Biography* (voir no 237b), t. I, pp. 594-595

CHEVALIER, HENRI-ÉMILE (Auteur français)
(Châtillon-sur-Seine, France, 13 septembre 1828–Paris, 25 août 1879)

667   NOTES

> Proscrit sous le Second Empire, ce Français s'installa en 1853 à Montréal, où il dirigea *La Ruche littéraire et politique,* collabora à plusieurs journaux et composa de nombreux romans, dont certains sous le pseudonyme de « Chauchefoin ». Il rentra en France vers 1860. La bibliographie de tous ses écrits reste à faire.

A CONSULTER

668   CORRIGAN, BEATRICE, « Henri-Émile Chevalier and his Novels of North America », *The Romanic Review,* XXXV (1944) pp. 220–231
[Étude indispensable]

669   LAREAU, E., *Histoire de la littérature canadienne* (voir no 138), pp. 286–289
[Appréciation de quelques romans]

670   LAROUSSE, PIERRE, *Grand Dictionnaire universel du XIXᵉ siècle,* Supplément I, Paris, Larousse, [s.d.], p. 525
[Bonne biographie]

671   MASSICOTTE, ÉDOUARD-ZOTIQUE, « Émile Chevalier », *Le Bulletin des recherches historiques,* XX (1914) pp. 157–159
[Biographie et mention de plusieurs ouvrages]

CHOQUETTE, ERNEST, M.D.
(Belœil, 18 novembre 1862–Montréal, 29 mars 1941)

LES RIBAUD

672   1898. Dr Choquette. Les Ribaud, une idylle de 37. [citation]. Hugo. Montréal, Eusèbe Senécal & Cie, Imprimeurs-Éditeurs, 20, rue Saint-Vincent, 1898. vii, 354 [355] p.
« A mon ami Lomer Gouin », pp. [v]–vii
Bibliothèques: OONL, OOU, OTP, OTU, QMBM, QMSS, QMU, QQA, QQL, QQLa

673   [1903]. Dramatisation, *Madeleine,* dans son *Théâtre,* [Montréal, Déom, 1927], pp. 5–84
[Pièce en 5 actes, tirée des *Ribaud* avec la collaboration de CHARLES AB DER HALDEN, voir no 687, et présentée pour la première fois au Théâtre National de Montréal, le 26 janvier 1903]

674 1926. Ernest Choquette, de la Société royale. Les Ribaud, roman du Canada-Français. Septième mille. [citation]. Hugo. Montréal, Librairie Beauchemin, limitée, 30 rue St-Gabriel, 1926. 180 [181] p.
(Bibliothèque canadienne, collection Dollard, no 332 B)
« A mon ami Lomer Gouin... », p. [11]
Bibliothèques: OKQ, OONL, QMBM, QMU, QQA, QQLa

CLAUDE PAYSAN

675 1899. Docteur Choquette. Claude Paysan. Illustré par Leduc. Gravure de la Cie Bishop. Montréal, La Cie d'Imprimerie et de Gravures Bishop, Imprimeurs-Éditeurs, rue Saint-Jacques, 1899. 226 [228] p.
« A ma femme », p. [7]
[Portr. de l'auteur en face du faux-titre]
Bibliothèques: OKR, OONL, OTP, OTU, QMBM, QMSS, QMU, QQA, QQL, QQLa

676 [s.d.]. Ernest Choquette, de la Société royale du Canada. Claude Paysan, roman du Canada français. Illustrations de Monsieur Legouy. Casterman, Paris-Tournai. 158 p.
« Avis aux lecteurs » (Les éditeurs), p. [7]: « L'œuvre originale contient de nombreux développements que l'on ne trouvera pas dans notre édition, celle-ci ayant moins pour objet de faire connaître aux jeunes gens toutes les ressources de l'art du romancier, que de les intéresser aux aspects les plus caractéristiques de la vie du paysan canadien. »
« A ma femme », p. [9]
Bibliothèques: BVaU, QMM, QMU, QQL

676a NOTES

Signalons pour mémoire que le docteur Choquette est aussi l'auteur d'un recueil de contes, *Les Carabinades,* « avec préface et postface en vers par les docteurs Beauchemin et Drummond » (Montréal, Déom frères, 1900. ix, 226 p.) et d'un troisième roman, *La Terre* (Montréal, Librairie Beauchemin limitée, [1916]. 289 p.)

A CONSULTER

677 BARRY, Mlle ROBERTINE [pseud. FRANÇOISE], « Chronique du lundi », *La Patrie,* XXI no 132 (31 juillet 1899) p. 4
[Compte rendu des *Femmes rêvées* de Ferland et de *Claude Paysan*]

678 BELLERIVE, G., « Honorable Ernest Choquette » dans *Nos auteurs dramatiques* (voir no 62), pp. 94–97
[*Madeleine,* pp. 94–95]

BIENVILLE, LOUYSE DE [pseud.]. Voir BRODEUR, Mme DONAT, no 679

679 BRODEUR, Mme DONAT [pseud. LOUYSE DE BIENVILLE], « Les Carabinades » dans *Figures et Paysages* (voir no 74), pp. 105–110
[Portr. à la p. 104]

680 CHOQUETTE, ERNEST, Carabinades, Montréal, Déom, 1900. ix, 226 p.
[Souvenirs de sa vie universitaire]

681 ———, « Au pays natal de Lamartine » dans *Mémoires de la Société royale du Canada,* 3ᵉ sér., x (1916), sect. 1, pp. 129–141
[L'auteur fait un pèlerinage littéraire et sentimental à Milly et à Bussières]

DANTIN, LOUIS [pseud.]. Voir SEERS, EUGÈNE, no 691

682 « Docteur Choquette », *La Petite Revue,* I (1899) p. 266
[Dans une lettre au rédacteur, Choquette fait connaître ses préférences littéraires: parmi les prosateurs il admire surtout Gautier, Daudet, Chateaubriand et Loti]

683 « Dr Ernest Choquette » dans *Almanach de la langue française,* Montréal, Albert Lévesque, 1936, p. 91

684 F[ABRE], H[ECTOR], « Revue littéraire » [*Les Ribaud*], *Paris-Canada,* XVI no 19 (1ᵉʳ octobre 1898) pp. 4–5

685 ———, « Revue littéraire » [*Claude Paysan*], *Paris-Canada,* XVII no 23 (1ᵉʳ décembre 1899) pp. 3–4

FRANÇOISE [pseud.]. Voir BARRY, Mlle ROBERTINE, no 677

686 GÉRIN, LÉON, « Notre mouvement intellectuel » (voir no 116), p. 152 sur *Claude Paysan*

687 HALDEN, CHARLES AB DER, « M. le docteur Choquette: I, *Claude Paysan,* II, *Les Ribaud* » dans ses *Études de littérature canadienne-française* (voir no 121), pp. 257–275
[La publication préalable de l'article sur *Les Ribaud* dans *Le Soleil* de Québec aurait mené à la collaboration des deux écrivains pour composer la pièce dramatique *Madeleine*]

688 JONES, F. M., *Le Roman canadien-français...* (voir no 132), p. 131

689 L., R., « *Les Ribaud* », *Le Courrier du livre,* III (1898) p. 214
[Vague appréciation élogieuse]

690 MORIN, VICTOR, « L'Honorable Ernest Choquette » dans *Mémoires de la Société royale du Canada,* 3ᵉ sér., XXXV (1941), sect. 1, pp. 95–100
[Bonne biographie]

691 SEERS, EUGÈNE [pseud. LOUIS DANTIN], « Deux drames de M. Ernest Choquette: *Madeleine — La Bouée* » dans *Gloses critiques; faits, œuvres, théories,* Montréal, Albert Lévesque, 1931, pp. 127–138
[Étude pénétrante de *Madeleine,* pp. 129–137]

692 THIBAULT, LUCILE, « Notes bio-bibliographiques sur Monsieur le docteur Ernest Choquette de la Société royale du Canada », Montréal, 1948. 10 f.
[Thèse présentée à l'École de Bibliothécaires de l'Université de Montréal. Dactylographiée. Sur microfilm (voir no 36), bobine no 4. Se limite « aux livres et au premier article de chaque revue à laquelle l'auteur a collaboré. Elle se limite également aux livres et revues des Bibliothèques Municipale et Saint-Sulpice de Montréal » (p. 3); donc compilation très sommaire]

CONAN, LAURE
Pseud. de FÉLICITÉ ANGERS, *q.v.*

DEGUISE, CHARLES, M.D.
(Kamouraska, 28 septembre 1827–Québec, 4 février 1884)

HÉLIKA

693 1871. En feuilleton dans *La Revue canadienne,* VIII no 8–IX no 5 (août 1871–mai 1872)
[Texte complet en 9 tranches]

694 1872. Hélika; mémoire d'un vieux maître d'école, par le Dr Chs Deguise. Montréal, Eusèbe Senécal, Imprimeur-Éditeur, rue St Vincent nos 6, 8 et 10, 1872. 139 p.
Bibliothèques: OONL, OTP, QMSS, QMM, QMU, QQA, QQL, QQS

695 1889. En feuilleton dans *Le Recueil littéraire,* I no 12–II no 23 (1er août 1889–1er octobre 1890)
[Texte complet en 29 tranches]

A CONSULTER

696 FAUCHER DE SAINT-MAURICE, NARCISSE-HENRI-ÉDOUARD, « Charles De Guise » dans *Choses et autres...* (voir no 108), pp. 49–54
[Sur *Le Cap au diable, légende canadienne,* Sainte-Anne de la Pocatière, Firmin II. Proulx, 1863, et Montréal, Eusèbe Senécal, 1873. 44 p.]

697 LESAGE, JULES-SIMÉON, « Dr Chs Deguise » dans *Propos littéraires* (voir no 153), pp. 27–31
[Brève appréciation du roman]

698 MORGAN, H. J., « Charles De Guise » dans *Bibliotheca Canadensis...* (voir no 38) p. 100

699 ———, « Charles De Guise, M.D. » dans *The Dominion Annual Register and Review for ... 1884,* Toronto, Hunter, Rose, 1885, p. 221

700 ROY, PIERRE-GEORGES, « Le Docteur Charles Deguise » dans *Toutes Petites Choses du régime anglais* (voir no 205b), t. II, pp. 199–200

DICK, WENCESLAS-EUGÈNE, M.D.
(Saint-Jean, Î.O., 7 mars 1848–Sainte-Anne de Beaupré, 23 juin 1919)

LE ROI DES ÉTUDIANTS

701 1876. En feuilleton dans *L'Opinion publique,* VII nos 24–50 (15 juin–28 décembre 1876)

702 1895. En feuilleton dans *La Semaine,* I nos 3–? (30 mars–?, 1895)
[Les nos de la fin de 1895 sont apparemment introuvables]

703 [1903]. La Bibliothèque moderne. V. E. Dick. « Le Roi des étudiants ». St-Henri, Décarie, Hébert & Cie, 3598, rue Notre Dame. 262 p.
Bibliothèques: QMSS, QQL

L'ENFANT MYSTÉRIEUX

704 1880. En feuilleton dans *L'Album des familles,* v no 2–vi no 6 (1er février
     1880–1er juin 1881)
     [Incomplet: jusqu'au chap. vi de la 3e partie seulement]

705 [1890]. Littérature canadienne. L'Enfant mystérieux, par le Dr V. Eugène
     Dick, auteur du « Roi des étudiants », etc. J. A. Langlais, Éditeur, 177,
     rue St-Joseph, Québec. 2 vol., 225, ii, et 297, iii p.
     Bibliothèques: OONL, OTP, OTU, QMBM, QMSS, QMU, QQA, QQL, QQLa

UN DRAME AU LABRADOR

706 1897. En feuilleton dans *Le Monde illustré,* xiii no 670–xiv no 689 (6 mars–
     17 juillet 1897)

707 [1897]. Un drame au Labrador, par le docteur Eugène Dick. Leprohon
     & Leprohon, Libraires-Éditeurs, 1629, rue Notre-Dame, Montréal,
     Can. 123 p.
     Bibliothèques: OONL, QMBM, QMSS, QQL, QQS

708 NOTES

     Le Fonds Eugène Dick, des Arch. des RR.PP. Rédemptoristes de Sainte-
     Anne, no 5, contient le manuscrit d'un roman de jeunesse de Dick,
     « Wenceslas de Calonne, ou l'amante vengée » (voir no 716). De plus,
     le romancier nous promet, à la p. 105 d'*Un drame au Labrador,* la suite
     des aventures de Gaspard et Thomas dans « Les Pirates du golfe Saint-
     Laurent » dont M. Damase Potvin a trouvé le manuscrit à Beaupré,
     parmi les paperasses du docteur Dick conservées par sa belle-sœur
     (voir no 713). L'on peut lire un fragment de ce texte dans *Le Monde
     illustré,* xvii (1900) p. 438: « Une chute à travers la terre », et un autre
     dans le même périodique, xxiii (1906) p. 787, sous le titre « Les Pirates
     du Saint-Laurent ».
     Mentionnons pour mémoire que Dick est aussi l'auteur de plusieurs
     contes publiés dans *L'Opinion publique* et dans *Le Foyer domestique*;
     trois de ses contes sont reproduits dans *Pages canadiennes: Légendes
     et Revenants* (Première série), Québec, L'Imprimerie nationale, 1918,
     142 [143] p.; et un quatrième dans *Pages canadiennes. Mœurs cana-
     diennes-françaises* (Troisième série), Québec, L'Imprimerie nationale,
     1919, 101 p.

     A CONSULTER

709 DANDURAND, abbé A., *Le Roman canadien-français* (voir no 94), pp.
     137–141
     [Fait remonter la publication du *Roi des étudiants* à 1871]

710 MASSICOTTE, ÉDOUARD-ZOTIQUE, « Les Œuvres de V. Eugène Dick », *Le
     Monde illustré,* viii (1891) p. 67

711 PICARD, FIRMIN, « Eugène Dick, romancier », *Le Monde illustré,* XIV (1897) pp. 276-277
[Esquisse biographique; portr. de l'auteur à la p. 276]

712 POTVIN, DAMASE, « Le Docteur Eugène Dick », *Le Terroir,* no 314 (1919) pp. 180-187

713 ———, « Un romancier oublié: le Dr Eugène Dick (1850-1919) », *La Revue de l'Université Laval,* V (1950-1951) pp. 948-961

714 ———, « Centenaire: Le Docteur Eugène Dick », *La Patrie,* section magazine, journal du dimanche (16 juillet 1950) p. 47

715 ———, « Le Docteur Eugène Dick », *L'Information médicale et para-médicale,* VI no 9 (16 mars 1954) p. 8
[Série d'articles biographique non exempts d'erreurs de détail, où les mêmes renseignements se retrouvent, mais sans que les sources soient précisées. L'article paru dans *La Revue de l'Université Laval* (voir no 713) contient des détails sur le manuscrit des « Pirates du golfe Saint-Laurent », pp. 957-959]

716 SAINT-BERNARD DE CLAIRVAUX, Sr, s.g.c., « Wenceslas-Eugène Dick, romancier inconnu » dans *Le Roman canadien-français: évolution, témoignages, bibliographie* (voir no 183), pp. 89-103
[Étude indispensable, basée sur une documentation sûre. Description, à la p. 90, du manuscrit de « Wenceslas de Calonne »; analyse des romans parus en volume]

DORION, LOUIS-CHARLES-WILFRID
(Montréal, 24 septembre 1856-Montréal, 24 septembre 1914)

VENGEANCE FATALE (= PIERRE HERVART)

717 1874. En feuilleton, sous le titre de « Pierre Hervart » dans l'*Album de la Minerve,* III nos 15-24 (9 avril-11 juin 1874)
[Texte complet en 10 tranches. Sous le pseud. de « Carle Fix »]

718 1893. L. C. W. Dorion. Vengeance fatale, roman canadien. Nouvelle édition revue et corrigée de « Pierre Hervart » par Carlefix. Montréal, La Cie d'Imprimerie Desaulniers, Éditeurs, 22, rue St-Gabriel, 1893. 184 [187] p.
« Préface », p. [5]
« Errata et changements », p. [185]
Bibliothèques: QMBM, QMSS, QQA, QQL, QQLa

719 NOTES

Ce fils du juge Winceslas-Paul-Wilfrid Dorion et neveu de Sir Antoine-Aimé implore l'indulgence des lecteurs car, dit-il, « lorsque, sous le pseudonyme de Carle Fix, je publiais en 1874, « Pierre Hervart » dans l'*Album de la Minerve,* je n'avais pas dix-huit ans, et quelques semaines à peine s'étaient écoulées depuis que je venais de déserter, pour toujours, les bancs du collège... » (p. 5) Il semble avoir laissé peu de traces; sa notice nécrologique dans *Le Devoir,* V no 225 (25 septembre 1914) p. 8, est des plus laconiques: « Décès à Montréal. Dorion, Louis-Charles-Wilfrid, avocat, 58 ans, rue Roy, 134 ».

D'ORSONNENS, JEAN PROTAIS ÉRASTE
Voir ORSONNENS, JEAN PROTAIS ÉRASTE D'

DOUTRE, JOSEPH
(Beauharnois, 11 mars 1825–Montréal, 3 février 1886)

LES FIANCÉS DE 1812

720 1844. Les Fiancés de 1812, essai de littérature canadienne, par J. Doutre,
étudiant en droit. Montréal, Louis Perrault, Imprimeur, rue St. Vincent,
1844. xx, 393 [394] p.
« Préface », pp. [v]–xx
« Errata », p. [494]
Bibliothèques: OKQ, OOA, OTP, OTU, QMM, QMSS, QMU, QQL, QQLa

721 NOTES

Le prospectus du roman paraît dans divers journaux au début du mois
de septembre 1844 (*La Minerve*, 2 septembre; *L'Artisan*, 10 septembre,
etc.); le volume, affirme-t-on, « sera délivré par 3 livraisons dont le
prix sera de 2 shellins chacune... L'impression sera aussi belle et
élégante que possible et de prompte exécution. » Pour ce qui con-
cernait la ponctualité, les souscripteurs n'eurent pas à se plaindre:
les deux premières livraisons parurent dès le début de novembre (*Le
Ménestrel*, I no 22, du 14 novembre).
De nos jours, l'intérêt qui s'attache aux *Fiancés de 1812* est presque
exclusivement historique. La préface de Doutre, ainsi que le roman
lui-même, nous renseigne sur les goûts littéraires de l'époque, et en
particulier sur la popularité des *Mystères de Paris* d'Eugène Suë (pp.
xi–xiv).

A CONSULTER

722 BEULLAC, PIERRE et É. FABRE SURVEYER, « Joseph Doutre, 1825–1886 »
dans *Le Centenaire du barreau de Montréal, 1849–1949,* Montréal,
Ducharme, 1949, pp. 71–76

723 BORTHWICK, Rev. J. DOUGLAS, « Joseph Doutre, Q.C. » dans *Montreal...*
(voir no 69), p. 62
[Avec portr.]

724 CHAPAIS, THOMAS, « M. Joseph Doutre » dans *Mélanges...* (voir no 82),
pp. 93–94

725 GAGNON, P., *Essai de bibliographie canadienne...* (voir no 17), t. I, p. 161
[« Ce petit roman canadien ne se rencontre pas souvent complet »]

726 HAYNE, DAVID M., « Les Origines du roman canadien-français » (voir no
125), surtout pp. 51–54

727 HUDON, THÉOPHILE, s.j., *L'Institut canadien de Montréal et l'affaire Guibord,* Montréal, Beauchemin, 1938. 172 p.
[L'affaire célèbre de l'enterrement de l'imprimeur Joseph Guibord; opposition de Doutre aux autorités religieuses]

728 « Joseph Doutre, Q.C. » dans *History of the Guibord Case,* Montreal, Witness Printing House, 1875, pp. 128–132

729 « Le Chroniqueur », *Les Mélanges religieux,* XII (1848) p. 74
[Dénonce l'immoralité du roman]

730 MARION, S., « Notre deuxième roman » dans « Nos trois premiers romans », *Cahiers de l'École des Sciences sociales, politiques et économiques de Laval,* II no 5, pp. 17–27. Reproduit dans *Les Lettres canadiennes d'autrefois* (voir no 161) t. IV, pp. 60–70
[La meilleure étude d'ensemble]

731 ———, « Le Roman et le Canada français du XIXᵉ siècle » dans *Les Lettres canadiennes d'autrefois* (voir no 161), t. IV, pp. 13–45
[Commentaire sur la préface des *Fiancés de 1812,* pp. 19–22]

732 MORGAN, H. J., « *Bibliotheca Canadensis...* (voir no 38), pp. 108–109

733 RUMILLY, ROBERT, *Histoire de la Province de Québec* (voir no 207), t. I, pp. 130–134 et 340–346; t. II, pp. 14–17
[Le rôle de Doutre dans l'affaire Guibord]

SURVEYER, É. FABRE. Voir BEULLAC, PIERRE et É. FABRE SURVEYER, no 722

734 TRUDEL, M., *L'Influence de Voltaire au Canada* (voir no 226), t. II, pp. 68–74
[Doutre, anticlérical impénitent]

FORTIER, AUGUSTE
(Québec, 13 avril 1870–Pékin, Chine, 26 juillet 1932)

LES MYSTÈRES DE MONTRÉAL

735 1893. Roman canadien. Les Mystères de Montréal, par Auguste Fortier. Montréal, Cie d'Imprimerie Desaulniers, Imprimeurs-Éditeurs, 22, rue Saint-Gabriel, 1893. 455 [458] p.
[*Bibliothèques:* BVAU, OTU, QMSS, QMU, QQLa

736 [1894]. Prix 10 cts. 2ᵉᵐᵉ édition. La Bonne Littérature française, publication mensuelle no 2. Les Mystères de Montréal, roman canaden [*sic*] par Auguste Fortier. [Portr. de l'auteur]. Nouvelle Société de publications françaises, Leprohon, Leprohon & Guilbault, 1620, rue Notre-Dame, Montréal, Can. 116 p. [Titre de couverture]
Bibliothèques: OONL, OTP, QMBM, QQA, QQLa

737 NOTES

Une note des éditeurs à l'intérieur de la couverture de la 2ᵉ éd. affirme que l'auteur « a aujourd'hui vingt et un [*sic*] ans et est étudiant en droit. *Les Mystères de Montréal* ont été composés il y a trois ans... » On fait allusion aussi à la première éd. tirée à mille ex., qui aurait été épuisée « au bout de quelques semaines ».

La même note raconte que l'auteur « a débuté par de simples études qui lui permirent, absolument inconnu, de forcer, il y a cinq ans, les portes de *La Nouvelle Revue* de Paris, et dont plusieurs furent traduites en langues étrangères ». Constatons en effet que *La Nouvelle Revue,* 11ᵉ année, t. LXIX (15 août 1889) contient aux pp. 749–756, une étude intitulée « Le Paysan canadien » et signée « Auguste Fortier ». Un autre article de Fortier aurait été reproduit par un journal de Madrid (voir no 738).

A CONSULTER

CABRETTE, ÉDOUARD [pseud.]. Voir MASSICOTTE, ÉDOUARD-ZOTIQUE, no 739

738 MASSICOTTE, ÉDOUARD-ZOTIQUE, « Le plus nomade des écrivains canadiens-français », *Le Bulletin des recherches historiques,* LII (1946) pp. 167–168

739 ———, [pseud. ÉDOUARD CABRETTE], « Inexplicables drames », *Le Bulletin des recherches historiques,* LII (1946) pp. 230–233
[La disparition du *Marie-Céleste en* 1880, épisode rappelé dans le roman. Ce texte aurait paru d'abord dans *La Revue populaire* de 1908, sous le titre « Drames de la mer »]

GASPÉ, PHILIPPE-IGNACE-FRANÇOIS AUBERT DE
Voir AUBERT DE GASPÉ, PHILIPPE-IGNACE-FRANÇOIS

GASPÉ, PHILIPPE-JOSEPH AUBERT DE
Voir AUBERT DE GASPÉ, PHILIPPE-JOSEPH

GÉRIN-LAJOIE, ANTOINE
(Sainte-Anne d'Yamachiche, 4 août 1824–Ottawa, 4 août 1882)

JEAN RIVARD

740 1862. *Jean Rivard, le défricheur canadien,* en feuilleton dans *Les Soirées canadiennes,* II (1862) pp. 65–319

741 1862. Extraits de *Jean Rivard, le défricheur,* « La Corvée » et « Le Mariage et la noce », *Le Journal de l'instruction publique,* VI (1862) pp. 147–148 et 148–149

742 1864. *Jean Rivard, économiste,* en feuilleton dans *Le Foyer canadien,* II
     (1864) pp. 15–371, avec « Notices sur quelques défricheurs célèbres »,
     pp. 353–371

743 1864. Extrait de *Jean Rivard, économiste,* « Jean Rivard et l'éducation »,
     Le Journal de l'instruction publique, VII (1864) pp. 63–66

744 1874. Jean Rivard, le défricheur, récit de la vie réelle, par A. Gérin-Lajoie.
     Deuxième édition, revue et corrigée. Montréal, J. B. Rolland & fils,
     Libraires-Éditeurs, 12 & 14, rue St. Vincent, 1874. viii, 205 [207] p.
     « Préface », pp. [vii]–viii
     [Ne contient pas le chap. XXXIII sur « l'épluchette de blé d'Inde »]
     Bibliothèques: BVaU, NBFU, OKQ, OONL, OOSJ, OTP, QMBM, QMSS, QMU, QQA,
     QQL, QQLa

745 1876. Jean Rivard, économiste, pour faire suite à Jean Rivard le défricheur,
     par A. Gérin-Lajoie. Deuxième édition, revue et corrigée. Montréal,
     J. B. Rolland & fils, Libraires-Éditeurs, 12 & 14, rue St. Vincent, 1876.
     227 [229] p.
     Bibliothèques: NBFU, OKQ, OONL, OTP, QMBM, QMSS, QMU, QQA, QQL, QQLa

746 1877. A. Gérin-Lajoie. Jean Rivard; scènes de la vie réelle. Montréal,
     J. B. Rolland & fils, Libraires-Éditeurs, 12 et 14, rue St. Vincent, 1877.
     2 vol., viii, 205 [207] p. et 227 [229] p.
     « Préface », t. I, pp. [vii]–viii. « Cette nouvelle édition diffère peu de la première.
     On a cependant supprimé quelques pages et fait quelques légers changements,
     en vue de rendre l'ouvrage plus acceptable à la classe de lecteurs auxquels il
     s'adresse plus spécialement. »
     Bibliothèques: MWU, QMSS, QMU, QQA, QQL, QQLa

747 1877. *Jean Rivard, le défricheur canadien; scènes de la vie réelle,* en feuilleton
     dans *Le Monde* (Paris), 18ᵉ Année nos 186–262 (6/7 août–5/6 novembre
     1877)
     [Précédé d'une notice, « A. Gérin-Lajoie », par PAUL DE CAZES, p. 1]

748 1913. Jean Rivard, le défricheur; récit de la vie réelle, par A. Gérin-Lajoie.
     Deuxième édition, revue et corrigée. Montréal, Librairie Beauchemin,
     limitée, 79, rue St-Jacques, 1913. 140 [141] p.
     (Bibliothèque canadienne, collection Montcalm, no 411 B)
     Bibliothèques: NSHP, OOCC, OONL, OOSJ, OOU, OTU, QMG, QMM, QQLa

749 1913. Jean Rivard, économiste; pour faire suite à Jean Rivard le défricheur,
     par A. Gérin-Lajoie. Deuxième édition, revue et corrigée. Montréal,
     Librairie Beauchemin, limitée, 79, rue St-Jacques, 1913. 156 [157] p.
     (Bibliothèque canadienne, collection Montcalm, no 412 B)
     Bibliothèques: OOU, OTU, QMBM, QMG, QMM, QQLa

750 1922. Jean Rivard, le défricheur; récit de la vie réelle, par A. Gérin-Lajoie.
     Troisième édition, revue et corrigée. Montréal, Librairie Beauchemin,
     limitée, 30, rue St-Gabriel, 1922. 140 [141] p.
     (Bibliothèque canadienne, collection Montcalm, no 411 B)
     Bibliothèques: QMBM. *Non vidi*

751   1924. Jean Rivard, économiste; pour faire suite à Jean Rivard le défricheur, par A. Gérin-Lajoie. Troisième édition, revue et corrigée. Montréal, Librairie Beauchemin, limitée, 30, rue St-Gabriel, 1924. 156 [157] p.
(Bibliothèque canadienne, collection Montcalm, no 412 B)

752   1925. Jean Rivard, le défricheur; récit de la vie réelle, par A. Gérin-Lajoie. Quatrième édition revue et corrigée. Montréal, Librairie Beauchemin, limitée, 30, rue St-Gabriel, 1925. 123 [124] p.
(Bibliothèque canadienne, collection Laval, no 609 B)
Bibliothèques: BVAU, OKQ, OKR, OOU, QMSS, QQLa, SSU

753   1925. Jean Rivard, économiste; pour faire suite à Jean Rivard le défricheur, par A. Gérin-Lajoie. Quatrième édition, revue et corrigée. Montréal. Librairie Beauchemin, limitée, 30, rue St-Gabriel, 1925. 121 [123] p.
(Bibliothèque canadienne, collection Laval, no 610 B)
Bibliothèques: BVAU, OKQ, OKR, OOCC, OOSJ, QMBM, QMSS, QQLa, SSU

754   [1925]. Extraits de *Jean Rivard, le défricheur*, « Une épluchette » et « Les Corvées dans nos campagnes » dans LOUVIGNY DE MONTIGNY, *Antoine Gérin-Lajoie*, Toronto, The Ryerson Press, [1925], pp. 33–36 et 36–37. Extraits de *Jean Rivard, économiste*, « La Chicane », « Pour élire une commission scolaire » et « Pour perfectionner l'agriculture », *ibid.*, pp. 38, 39–44, 44–46

755   1927. Extrait de *Jean Rivard, le défricheur*, « Une aventure » dans W. A. R. KERR, *A Short Anthology of French-Canadian Prose Literature* (voir no 133), pp. 7–14

756   1932. Jean Rivard, par A. Gérin-Lajoie. 5ᵉ édition. Montréal, Librairie Beauchemin, limitée, 430, rue Saint-Gabriel, 1932. 294 p.
(Bibliothèque canadienne, collection Lévis, no B 903)

757   1934. Extrait de *Jean Rivard, le défricheur*, « La Sucrerie » dans Mgr CAMILLE ROY, *Morceaux choisis d'auteurs canadiens* (voir no 197), pp. 143–145. Des extraits de *Jean Rivard, économiste*, « Les Fréquentations » et « La Grand'Demande », *ibid.*, pp. 145–148 et 148–151

758   1935. Jean Rivard, par A. Gérin-Lajoie. 6ᵉ édition. Montréal, Librairie Beauchemin, limitée, 430, rue Saint-Gabriel, 1935. 294 p.
(Bibliothèque canadienne, collection Lévis, no B 903)
Bibliothèques: OH

759   [1945]. Extraits de *Jean Rivard, le défricheur*, « Une épluchette » et « La Sucrerie » dans GEORGE A. KLINCK, *Allons gai!* (voir no 134), pp. 56–57 et 96–98

760   [1946]. Extrait de *Jean Rivard, le défricheur*, « La Sucrerie; The Sugar-Making », dans SÉRAPHIN MARION et WATSON KIRKCONNELL, *The Quebec Tradition; Tradition du Québec*, Montréal, Eds Lumen, [1946], pp. 62–67

761   [1947]. Extrait de *Jean Rivard, économiste*, « La Ferme et le Jardin » dans GEORGE A. KLINCK, *En avant! A Topical Anthology of French-Canadian Prose and Verse*, Toronto, Halifax, The Ryerson Press, [1947], pp. 38–46

762 1953. Jean Rivard, par A. Gérin-Lajoie. 9ᵉ édition. Montréal, Librairie
     Beauchemin, limitée, 1953. 294 p.
     (Bibliothèque canadienne, collection Lévis, no B 903)
     Bibliothèques: OTU

763 1958. Jean Rivard, par A. Gérin-Lajoie. 10ᵉ édition. Montréal, Librairie
     Beauchemin, limitée, 1958. 294 p.
     (Bibliothèque canadienne, collection Lévis, no B 903)

764 NOTES

     Avant de composer *Jean Rivard*, Gérin-Lajoie s'était acquis une cer-
     taine renommée littéraire en écrivant en 1842 sa complainte du *Canadien
     errant* et en publiant la première tragédie canadienne en langue fran-
     çaise, *Le Jeune Latour* (dans *L'Aurore des Canadas*, 10, 13 et 17
     septembre, et dans *Le Canadien*, 16, 18 et 20 septembre 1844). Mais il
     avait déjà la hantise de la vie rurale, et nous lisons dans son *Journal*
     (voir no 776), à la date du 12 octobre 1849, « J'en suis revenu à mon
     projet d'aller vivre à la campagne, aussitôt que possible... Ah! si j'étais
     cultivateur. » Enfin, le 17 mars 1862 il écrivit à son frère Denis pour lui
     annoncer la publication prochaine « d'un petit récit qui n'amusera
     guère les jeunes littérateurs, mais que j'ai composé dans un but d'utilité
     publique » (voir no 803, p. 72). Il s'agissait de *Jean Rivard*.
     Des manuscrits de Gérin-Lajoie sont conservés aux Arch. de l'Uni-
     versité d'Ottawa, fonds Gérin-Lajoie (voir no 789), et une trentaine de
     ses lettres adressées à l'abbé Casgrain se trouvent aux Arch. du Petit
     Séminaire de Québec, fonds Casgrain (voir no 790).

     A CONSULTER

765 « A. Gérin-Lajoie », *Le Propagateur*, VI no 8 (avril 1910), pp. 1, 4, 17.
     Reproduit dans *Biographies et Portraits d'écrivains canadiens* (voir
     no 68), pp. 95–102
     [Esquisse biographique basée sur celle de Casgrain]

766 ASSELIN, OLIVAR, « Une lettre de Mgr Camille Roy », *L'Ordre*, I no 253
     (11 janvier 1935) p. 1
     [Petit échange entre Asselin et Mgr Roy au sujet des mérites de *Jean Rivard*
     et de *Maria Chapdelaine*]

767 AUCLAIR, abbé É.-J.-A., « Monsieur Antoine Gérin-Lajoie » dans *Figures
     canadiennes* (voir no 51), t. II pp. 68–77
     [Esquisse biographique]

768 [BARBEAU, VICTOR], « Antoine Gérin-Lajoie », *Les Cahiers de Turc*, II
     no 7 (1ᵉʳ avril 1927) p. 190
     [Compte rendu du livre de LOUVIGNY DE MONTIGNY; voir no 803]

769 BELLERIVE, GEORGES, « Antoine Gérin-Lajoie » dans *Nos auteurs drama-
     tiques...* (voir no 62), pp. 12–14
     [Sa tragédie *Le Jeune Latour*]

770 BONIN, OSCAR, « Antoine Gérin-Lajoie, l'historien, le romancier », *L'Écho de Saint-Justin,* III no 9 (1ᵉʳ juillet 1924) pp. 1 et 14
[Conférence faite au Séminaire de Nicolet par un élève finissant, le 25 mai 1924]

771 *Bulletin des recherches historiques,* XXX no 10 (octobre 1924)
[Numéro spécial consacré à Gérin-Lajoie. Voir no 777]

772 BURQUE, abbé FRANÇOIS-XAVIER, « Les Mots populaires dans la littérature canadienne-française », *Bulletin du parler français au Canada,* IV (1905–1906), pp. 61–62, 101–102, 142–145, 182–184
[Liste, par ordre alphabétique, de mots populaires, dont plusieurs tirés du roman]

773 CARON, abbé NAPOLÉON, « Antoine Gérin-Lajoie » dans son *Histoire de la paroisse d'Yamachiche,* Trois-Rivières, P. V. Ayotte, 1892, pp. 257–261
[Art. nécrologique par A.-D. DE CELLES, voir no 780]

774 CASGRAIN, abbé HENRI-RAYMOND [pseud. PLACIDE LÉPINE], « A. Gérin-Lajoie », *L'Opinion publique,* III (1872), p. 98. Reproduit dans AUGUSTE LAPERRIÈRE (comp.), *Les Guêpes canadiennes* (voir no 137), t. I, pp. 226–235
[Dans ses « Souvenances canadiennes » (voir no 81), t. IV, pp. 80–84, Casgrain affirme avoir crayonné cette silhouette « avec amour », et reproduit une lettre de remerciement de Gérin-Lajoie]

775 ———, « Biographie de Gérin-Lajoie » [fragment] dans *Mémoires de la Société royale du Canada,* III (1885), sect. 1, pp. 55–60

776 ———, *A. Gérin-Lajoie d'après ses Mémoires,* Montréal, Beauchemin & Valois, 1886. 178 p. Une autre éd., Montréal, Beauchemin, 1912. 141 p. Paraît aussi dans ses *Œuvres complètes* (voir no 80) t. II, pp. 431–542
[Indispensable pour la biographie de Gérin-Lajoie; contient de nombreux extraits de ses mémoires inédits]

777 *Le Centenaire de Gérin-Lajoie.* Hommage de la Commission des Monuments historiques de la Province de Québec, Québec, 1924
[Numéro spécial du *Bulletin des recherches historiques,* XXX no 10 (octobre 1924). Très utile. Contient des documents, une généalogie, des extraits des ouvrages de Gérin-Lajoie et des jugements critiques]

778 DANDURAND, abbé A., *Le Roman canadien-français* (voir no 94), pp. 118–128

DANTIN, LOUIS [pseud.]. Voir SEERS, EUGÈNE, no 814

779 DARVEAU, L.-M., « Gérin-Lajoie » dans *Nos hommes de lettres,* (voir no 96), pp. 211–229
[Surtout pp. 218–227 sur le roman, avec de nombreux passages cités]

780 DE CELLES, ALFRED-DUCLOS, « A. Gérin-Lajoie » *L'Album des familles,* VII (1882) pp. 305–306 et *L'Opinion publique,* XIII (1882) p. 397. Reproduit aussi dans l'*Histoire de la paroisse d'Yamachiche* de l'abbé CARON (voir no 773), pp. 257–261
[Article nécrologique qui résume la carrière de Gérin-Lajoie]

781 DESAULNIERS, FRANÇOIS-SÉVÈRE-LESIEUR, *Les Vieilles Familles d'Yama-chiche*, Montréal, Beauchemin, 1898–1908, 4 vol., surtout le t. I, pp. 105–120, 183–184
[Généalogie de la famille Gérin-Lajoie]

782 DUCHARME, CHARLES-M., « Antoine Gérin-Lajoie et *Jean Rivard* », *La Revue canadienne*, XXII (1886) pp. 204–211 et 286–293. Reproduit dans ses *Ris et Croquis*, Montréal, C. O. Beauchemin & fils, 1889, pp. 98–137
[Conférence donnée à l'Union Catholique de Montréal, le Ier novembre 1885]

783 FALARDEAU, JEAN-CHARLES, « Le Désir du départ dans quelques anciens romans canadiens » (voir no 107), pp. 219–223
[Étudie ce thème dans *Jean Rivard*]

783a ———, « Idéologies et thèmes sociaux dans trois romans canadiens du XIXe siècle » (voir no 107), pp. 11–38
[Les thèmes de *Jean Rivard*, pp. 19–25]

784 FRANCIA, « Antoine Gérin-Lajoie (1824–1882) », *Le Bulletin des institutrices catholiques*, XXI (1944) pp. 16–18

785 FRASER, IAN FORBES, « Antoine Gérin-Lajoie » dans sa *Bibliography of French-Canadian Poetry* (voir no 15), pp. 70–72
[Bibliographie de ses écrits en vers]

786 ———, *The Spirit of French Canada* (voir no 110), pp. 163–166, 169–175
[Le culte du sol dans *Jean Rivard*]

787 FRÈRES DES ÉCOLES CHRÉTIENNES, « Antoine Gérin-Lajoie » dans *A travers la littérature canadienne-française* (voir no 114), pp. 99–110
[Étude générale, avec des extraits du roman]

788 GÉRIN, LÉON (éd.), *Antoine Gérin-Lajoie: la résurrection d'un patriote canadien*, avec introduction et compte rendu par Léon Gérin, Montréal, Éds du Devoir, 1925. 325 p.
[Biographie, pp. 9–118; compte rendu des manifestations diverses pour célébrer le centenaire de la naissance de Gérin-Lajoie en 1924, pp. 120–321]

789 GÉRIN-LAJOIE, ANTOINE, Lettre à J.-O. PRINCE, datée du 29 avril 1864, conservée aux Arch. de l'Université d'Ottawa, fonds Gérin-Lajoie. *Non vidi*
[L'auteur souligne que son but en composant son roman avait été de servir l'avenir de la colonisation]

790 ———, Lettre à l'abbé CASGRAIN, datée du 15 février 1867, conservée aux Arch. du Petit Séminaire de Québec, fonds Casgrain, t. II, no 63
[Gérin-Lajoie se déclare incapable pour le moment de donner suite à son projet de faire un roman intitulé « Gustave Charmenil »]

791 HALDEN, CHARLES AB DER, « Gérin-Lajoie » dans ses *Études de littérature canadienne-française* (voir no 121), pp. 127–226. Extrait reproduit dans *Le Bulletin des recherches historiques*, XXX (1924) pp. 319–320: « Une opinion française sur Gérin-Lajoie »
[Bonne étude d'ensemble, qui traite des *Mémoires*, de *Jean Rivard* et de *Dix Ans au Canada*]

792   « Les Inoubliables Fêtes du 14 septembre 1924. Centenaire de Gérin-
      Lajoie », *L'Écho de Saint-Justin*, III no 12 (1er octobre 1924) pp.
      8–9
      [Photos de Gérin-Lajoie, de sa famille et de sa maison natale; résumés des
      discours]

793   « *Jean Rivard, économiste* », *L'Opinion publique*, VII (1876) p. 296

794   JONES, F. M., *Le Roman canadien-français...* (voir no 132), pp. 112–116,
      135–136, 145–146

795   L., E., « Jean Rivard à l'honneur », *L'Action catholique*, XXVIII no 8841
      (15 août 1935) p. 4. Reproduit dans *Le Droit*, XXII no 193 (20 août
      1935) p. 3
      [Une statue de Jean Rivard inaugurée à Plessisville]

      L[ÉPINE], P[LACIDE], [pseud.]. Voir CASGRAIN, abbé H.-R., no 774

796   LARUE, HUBERT, « *Jean Rivard, économiste* » dans ses *Mélanges historiques,
      littéraires et d'économie politique*, II, Québec, P. G. Delisle, 1881, pp.
      87–98

797   LÉGER, JULES, *Le Canada français et son expression littéraire* (voir no 148),
      pp. 120–121

798   LEMIRE, MAURICE, ptre, « Jean Rivard d'Antoine Gérin-Lajoie, un plan
      de conquête économique », Québec, 1962. viii, 117 f.
      [« Thèse présentée à l'École des Gradués de l'Université Laval pour obtenir
      le diplôme d'études supérieures en français ». Dactylographiée. Étude impor-
      tante qui examine le roman en tant que thèse économique: le romancier se
      base sur les théories des physiocrates français, dépassées à l'époque, et
      compromet son but en ayant recours à des arguments de moraliste et en
      faisant de son héros un cas d'exception. « En somme, *Jean Rivard* est moins
      une œuvre scientifique qu'une œuvre littéraire », p. 116. L'auteur souligne l'apport
      de l'expérience personnelle de Gérin-Lajoie: rapports entre le personnage
      de Gustave Charmenil et celui de l'auteur, pp. 14–22; identité du curé
      Octave Doucet, qui serait l'ami de Gérin-Lajoie, l'abbé J.-O. PRINCE, p. 22, bien
      que le romancier dans ses notes eût affirmé que l'original de Doucet était le P.
      Michel DUFRESNE, 1791–1843, ancien curé de Saint-Gervais]

      LÉPINE, PLACIDE [pseud.]. Voir CASGRAIN, abbé HENRI-RAYMOND, no 774

799   LESAGE, J.-S., « *Jean Rivard le défricheur* » dans ses *Notes biographiques —
      Propos littéraires* (voir no 152), pp. 137–147
      [Vague éloge avec de nombreux passages cités]

800   LÉVESQUE, ALBERT, « L'Auteur des *Jean-Rivard* » *Le Semeur*, XXI (1924)
      pp. 52–54
      [Hommage à Gérin-Lajoie à l'occasion du centenaire de sa naissance]

801   MAGNAN, CHARLES-JOSEPH, « Discours » dans L. Gérin (éd.), *Antoine
      Gérin-Lajoie* (voir no 788), pp. 221–234
      [Hommage à Gérin-Lajoie lors du centenaire]

      MAUREL, CHARLES [pseud.]. Voir POULIOT, MARIA, no 807

802 MIGNAULT, R.P. ALBERT-M., « Gérin-Lajoie » *La Revue dominicaine,* XXXI (1925) pp. 65–83 et 129–136
[Conférence prononcée devant le Cercle littéraire canadien-français d'Ottawa, le 18 janvier 1925]

803 MONTIGNY, LOUVIGNY DE, *Antoine Gérin-Lajoie,* Toronto, The Ryerson Press, [1925]. 130 p.
[Biographie, anthologie, critique de l'œuvre et bibliographie. Excellente introduction à l'œuvre de Gérin-Lajoie. Pour des comptes rendus de cet ouvrage, voir les nos 768 et 814]

804 MONTPETIT, ÉDOUARD, « Discours » dans L. Gérin (éd.), *Antoine Gérin-Lajoie* (voir no 788), pp. 197–220. Reproduit sous le titre « A la maison de l'ancêtre » dans *Le Front contre le vitre,* Montréal, Éds Albert Lévesque, 1936, pp. 187–205
[Souligne l'aspect économique de la thèse de Gérin-Lajoie]

805 MORGAN, H. J., « A. Gérin-Lajoie » dans *Bibliotheca Canadensis...* (voir no 38), pp. 137–138

806 PERRAULT, ANTONIO, « A propos de roman social : *Jean Rivard* et *Le Fils de l'esprit* » dans *Mémoires de la Société royale du Canada,* 3e sér., XXXVIII (1944), sect. 1, pp. 151–169
[*Le Fils de l'esprit,* 1906, ouvrage d'YVES LE QUERDEC, pseud. de GEORGE-LESPINASSE FONSEGRIVE]

807 POULIOT, MARIA [pseud. CHARLES MAUREL], *Nos héros de roman* (voir no 171)
[L'auteur regrette l'absence dans nos romans canadiens du vingtième siècle de héros de la trempe de Jean Rivard]

808 ROY, Mgr CAMILLE, « Les Mœurs canadiennes dans *Jean Rivard* », *Bulletin du parler français au Canada,* VII (1908–1909) pp. 281–290. Reproduit dans ses *Études et Croquis* (voir no 195), pp. 123–144
[Relève les passages du roman où l'auteur dépeint les mœurs des campagnes]

809 ——, « Étude sur *Jean Rivard* » dans *Mémoires de la Société royale de Canada,* 3e sér., III (1909), sect. 1, pp. 111–128. Reproduite dans ses *Nouveaux Essais sur la littérature canadienne* (voir no 193), pp. 84–134 et dans *Romanciers de chez nous* (voir no 199), pp. 63–104
[Étude importante sur les personnages et le style du roman]

810 ——, « Le Centenaire de Gérin-Lajoie », *Le Canada français,* XI (1923–1924) pp. 780–789. Reproduit dans ses *Regards sur les lettres,* Québec, L'Action sociale, 1931, pp. 14–30
[Étude de l'œuvre, qui fait ressortir l'importance de *Jean Rivard* et de *Dix Ans au Canada*]

811 ——, « Discours pour le centenaire de Gérin-Lajoie », *Le Canada français,* XII (1924–1925) pp. 164–175. Paraît aussi dans L. Gérin (éd.), *Antoine Gérin-Lajoie* (voir no 788), pp. 177–196, et dans Mgr C. Roy, *Pour conserver notre héritage français* (voir no 200), pp. 174–185
[Discours prononcé le dimanche 14 septembre 1924 à Yamachiche pour la cérémonie de l'apposition d'une plaque commémorative sur la maison où naquit Gérin-Lajoie]

811a ROY PIERRE-GEORGES, « Gérin-Lajoie et l'abbé Ferland » dans *Toutes Petites Choses du régime anglais* (voir no 205b), t. II, pp. 145–146

812 SAINT-ARNAUD, F.-X., « A propos du centenaire d'Antoine Gérin-Lajoie », *L'Écho de Saint-Justin*, III no 8 (1er juin 1924) p. 7
[Hommage par un élève du Séminaire de Trois-Rivières]

813 SAINT-PIERRE, ARTHUR, *La Littérature sociale canadienne-française avant la Confédération: Antoine Gérin-Lajoie, Étienne Parent*, Montréal, Éds de la Bibliothèque canadienne, 1951. 94 p. Tirage à part d'une étude parue dans les *Mémoires de la Société royale du Canada*, 3e sér., XLIV (1950), sect. 1, pp. 67–94
[Influence possible de FRÉDÉRIC LE PLAY en ce qui concerne la « méthode monographique »]

814 SEERS, EUGÈNE [pseud. LOUIS DANTIN], « Antoine Gérin-Lajoie » dans *Gloses critiques,* Montréal, Éds Albert Lévesque, 2e sér., 1935, pp. 15–18
[Compte rendu de l'étude de LOUVIGNY DE MONTIGNY, voir no 803]

815 SOUCY, LORETTE, « Notes bio-bibliographiques sur Antoine Gérin-Lajoie, journaliste, avocat, bibliothécaire », Montréal, 1948. 18 f.
[Thèse présentée à l'École de Bibliothécaires de l'Université de Montréal. Dactylographiée. Sur microfilm (voir no 36), bobine no 5. Ne signale que les « ouvrages contenus aux bibliothèques Saint-Sulpice et Municipale » de Montréal]

816 TURCOT, MARIE-ROSE, « *Jean Rivard* », *Le Droit,* XXVII no 166 (19 juillet 1939) p. 11

817 VIGEANT, HERMANN, « Un précurseur de l'A.C.J.C.: Gérin-Lajoie », *Le Semeur,* XXV (1929) pp. 240–245 et 270–272

818 WADE, MASON, *The French Canadians, 1760–1945* (voir no 232), pp. 293–296
[Petite étude de l'œuvre de Gérin-Lajoie, en langue anglaise]

GIRARD, RODOLPHE
(Trois-Rivières, 24 avril 1879–Ottawa, 29 mars 1956)

FLORENCE

819 1900. Florence, légende historique, patriotique et nationale, par Rodolphe Girard. Illustrations de GEO. DELFOSSE. Première édition. Montréal, MCM. xi, 127 [128] p.
[Portr. de l'auteur, p. iii]
« A vous, mère bien-aimée, je dédie respectueusement cette légende... », p. [v]
« Préface » (signée: « Firmin Picard, Montréal, le 25 novembre 1899 »), pp. [vii]-xi
Bibliothèques: BVAU, OONL, OTU, QMBM, QMSS, QQL, QQLa

820 1900. Florence, légende historique, patriotique et nationale, par Rodolphe Girard. Illustrations de GEO. DELFOSSE. Deuxième édition. Montréal, MCM. xi, 127 [128] p.
[Identique à la première éd.]
Bibliothèques: QQA, QQLa

821 1900. En feuilleton dans *Le Monde illustré*, XVI nos 822-834 (3 février-28 avril 1900)

821a NOTES

La plupart des œuvres romanesques de Girard ont paru après 1900. Signalons ici trois romans et deux recueils de contes:

a) *Mosaïque*, Montréal, Déom frères, 1902. 216 [223] p.
b) *Marie Calumet*, Montréal, [s.éd.], 1904. 396 [400] p. Nouvelle éd. avec préface par ALBERT LABERGE et lettre-préface de JEAN RICHEPIN, Montréal, Éds Serge Brousseau, [1946]. 283 p.
c) *Rédemption*, Montréal, Imprimerie Guertin, 1906. 187 p.
d) *L'Algonquine. Roman des jours héroïques du Canada sous la domination française*, Montréal, La Patrie, [1910]. 65 p.
e) *Contes de chez nous*, Montréal, [s.éd.], 1912. 242 [243] p.

A CONSULTER

822 L'ANNALISTE, « M. Rodolphe Girard », *Le Monde illustré*, XIX (1903) p. 1061
[Portrait de l'auteur, courte biographie et liste de ses ouvrages]

823 BELLERIVE, G., « Major Rodolphe Girard » dans *Nos auteurs dramatiques* (voir no 62), pp. 70-72

824 BRUNET, BERTHELOT, « En marge de votre sottisier, II », *L'Ordre*, I no 5 (15 mars 1934) p. 4
[Se moque de Girard, journaliste à *La Presse* et romancier]

825 DROLET, A., *Bibliographie du roman canadien-français, 1900-1950* (voir no 12), p. 60
[Liste des romans de Girard parus depuis 1900]

826 GÉRIN, LÉON, « Notre mouvement intellectuel » (voir no 116), p. 153 sur *Florence*

827 H., PAUL, « Les Derniers Livres canadiens », *Le Monde illustré*, XVII (1900) p. 147
[Relève les faiblesses du roman]

828 LABERGE, ALBERT, « Rodolphe Girard » dans *Peintres et écrivains d'hier et d'aujourd'hui*, Montréal, Éd. privée, 1938, pp. 143-147
[Portr. en face de la p. 142]

829 MORGAN, HENRY JAMES, « Rodolphe Girard » dans *The Canadian Men and Women of the Time...* (voir no 166), Second Edition, p. 449

830 MUDDIMAN, BERNARD, « The Soirées of the Château de Ramezay », *Queen's Quarterly*, XX (1912-13) pp. 73-91, surtout pp. 85-91
[Fait l'éloge de Girard et de *Marie Calumet*]

GUISE, CHARLES DE
Voir DEGUISE, CHARLES, M.D.

HOUDE, FRÉDÉRIC
(Rivière-du-Loup, 23 septembre 1847–Louiseville, 15 novembre 1884)

LE MANOIR MYSTÉRIEUX

831   1880. En feuilleton dans *Le Nouveau Monde,* XIV nos 67–112 (20 octobre–
      14 décembre 1880)
      [Houde était depuis 1879 l'unique propriétaire du *Nouveau Monde*]

832   1889. En feuilleton dans *La Lyre d'or,* II nos 4–6 (avril–juin 1889)
      [Incomplet]

833   1913. Frédéric Houde. Le Manoir mystérieux, ou les victimes de l'ambition.
      Roman inédit, extrait du « Nouveau Monde » et précédé d'une courte
      notice biographique sur l'auteur par CASIMIR HÉBERT, membre de la
      Société historique de Montréal. Montréal, Imprimerie Bilaudeau
      (limitée), 71–73, des Commissaires, 1913. 250 p.
      [Portr. de l'auteur, p. 8]
      « Préface » par Casimir Hébert, pp. [9]–13
      Bibliothèques: BVAU, OONL, OTP, QMBM, QMSS, QQL

834   NOTES

      Comme l'a su démontrer l'abbé Albert Dandurand (voir no 837), ce
      prétendu roman historique canadien n'est qu'une traduction libre du
      Kenilworth de Sir Walter Scott: le grand Leicester devient Gilles
      Hocquart, Michael Lambourne se transforme en Michel Lavergne,
      Tony Foster reparaît comme Thom Cambrai, et ainsi de suite.

      A CONSULTER

835   AUGER, HENRY-L., « Frédéric Houde », *L'Écho de Saint-Justin,* II no 4
      (1er février 1923) pp. 1 et 8
      [Esquisse biographique]

836   BÉLISLE, ALEXANDRE, « Frédéric Houde » dans *Histoire de la presse franco-
      américaine...* (voir no 60), pp. 91–92 et *passim*

837   DANDURAND, abbé A. *Le Roman canadien-français* (voir no 94), pp. 100–
      101
      [Le roman ne serait qu'un plagiat du *Kenilworth* de Scott]

838   DRISARD, CHARLES, « Frédéric Houde », *L'Écho de Saint-Justin,* VI no 4
      (1er février 1927) p. 1. Reproduit dans *Le Bulletin des recherches histo-
      riques,* XXXIII (1927) p. 456

839   MORGAN, HENRY JAMES, « Frédéric Houde » dans *The Dominion Annual
      Register and Review for... 1884* (voir no 699), pp. 228–229
      [Sa carrière politique comme député de Maskinongé]

KIRBY, WILLIAM
(Kingston-upon-Hull, Angleterre, 13 octobre 1817–Niagara, 23 juin 1906)

840 NOTES

Auteur canadien de langue anglaise, dont le roman *The Golden Dog* (1877) a connu un succès considérable dans la traduction française faite par LÉON-PAMPHILE LeMay (*q.v.*). La traduction de LeMay, *Le Chien d'or*, parut d'abord en feuilleton dans *L'Étendard* de Montréal (1883) et ensuite en volume en 1884 (Montréal, Imprimerie de l'*Étendard*, 37, rue Saint-Jacques, 2 vol.). Une seconde éd., « nouvelle, remaniée [et] enrichie », fut publiée en 1926 (Québec, Librairie Garneau, 47, rue Buade, 2 vol.) avec en appendice des notes historiques par BENJAMIN SULTE.

A CONSULTER

841 PIERCE, LORNE A., *William Kirby; The Portrait of a Tory Loyalist,* Toronto, The Macmillan Company of Canada Limited, 1929. xiv, 477 p.

842 RIDDELL, WILLIAM RENWICK, *William Kirby,* Toronto, The Ryerson Press, [1923]. 176 p. (Makers of Canadian Literature)

LACOMBE, JOSEPH-PATRICE-TRUILLIER
(Lac des Deux Montagnes, 20 février 1807–Montréal, 6 juillet 1863)

LA TERRE PATERNELLE

843 1846. Dans l'*Album littéraire et musical de la Revue canadienne,* I (1846) pp. 14–25
[Anon.]

844 1848. Dans James Huston (comp.), *Le Répertoire national* (voir no 129), III (1848) pp. 342–382

845 1853. Dans *Légendes canadiennes,* recueillies par J. Huston (voir no 130), pp. 258–303

846 1871. La Terre paternelle, par Patrice Lacombe. Montréal, C. O. Beauchemin & Valois, Libraires-Imprimeurs, 237 et 239, rue St-Paul, 1871. 80 [81] p.
Bibliothèques: QMBM, QMM

847 1877. Patrice Lacombe. La Terre paternelle. Québec, Imprimerie A. Côté et cie, 1877. 187 p.
[Le volume contient: « La Terre paternelle », pp. [5]–126; « Le Chien d'or » (A. Soulard), pp. [127]–134; « Petites Corrections et Addenda à un article du *Canadien* du 20 novembre 1839 » (J. Viger), pp. 135–146; « L'Île Saint-Barnabé » (J.-C. Taché), pp. [147]–187]
Bibliothèques: OONL, OOSJ, OTU, QMSS, QQA, QQS

848   1878. En feuilleton dans *Le Foyer domestique,* 3ᵉ Année, vol. v, nos 18–22
       (2–30 mai, 1878)
       [« Note », p. 205: « Cette magnifique Esquisse de mœurs a été composée en
       1846 par M. Patrice Lacombe, notaire, alors qu'il était employé à la Procure
       du Séminaire de St. Sulpice de Montréal. »

849   [s.d.]. La Terre paternelle, par Patrice Lacombe. Montréal, Beauchemin &
       Valois, Libraires-Imprimeurs, 256 et 258, rue St-Paul. 80 [81] p.
       Bibliothèques: QQLa

850   1892. En feuilleton dans *Le Monde illustré canadien,* IX nos 428–435 (16
       juillet–3 septembre 1892)
       [« Note », p. 122: « Nous sommes heureux d'offrir à nos lecteurs la nouvelle
       qui suit et qui a été écrite, si nous ne nous trompons point, en 1846. Elle a
       d'abord paru dans le *Répertoire national,* mais la copie dont nous nous
       servons est manuscrite. »]

851   1893. Dans James Huston (comp.), *Le Répertoire national* (voir no 129),
       III (1893), pp. 357–397

852   1912. Patrice Lacombe. La Terre paternelle. Nouvelle édition. Montréal,
       Librairie Beauchemin, limitée, 79, rue St-Jacques, 1912. 140 p.
       (Bibliothèque canadienne, collection Dollard, no 307 B)
       [Le volume contient: « La Terre paternelle », pp. [11]–103; « Le Chien d'or »,
       pp. [105]–110; « L'Île Saint-Barnabé », pp. [113]–140]
       Bibliothèques: BVAU, OKR, OONL, OOSJ, QQS

853   1924. Patrice Lacombe. La Terre paternelle. Nouvelle édition. Montréal,
       Librairie Beauchemin, limitée, 30, rue St-Gabriel, 1924. 122 p.
       (Bibliothèque canadienne, Collection Dollard, no 307 B)
       [Le volume contient: « La Terre paternelle », pp. [11]–91; « Le Chien d'or »,
       pp. [93]–98; « L'Île Saint-Barnabé », pp. [99]–122]
       Bibliothèques: OKQ, QMSS, QQS

854   NOTES

       Le manuscrit de la *Terre paternelle* a été retrouvé tout récemment aux
       Arch. judiciaires de Montréal par M. Réginald Hamel.

       A CONSULTER

855   DANDURAND, abbé A., *Le Roman canadien-français* (voir no 94), pp. 29–37

856   DUMONT, G.-A., « Études historiques » (Joseph-Patrice Lacombe), *Le
       Monde illustré canadien,* IX (1892) p. 222
       [Généalogie et biographie avec portr.]

857   HAYNE, DAVID M., « Les Origines du roman canadien-français » (voir no
       125), surtout pp. 55–57

858   LESSARD, RICHARD, « Patrice Lacombe, auteur de *La Terre paternelle* »,
       Le Bulletin des recherches historiques, XLVI (1940) p. 180
       [Note biographique]

859   « Nécrologie » (Patrice Lacombe), *Le Journal de Québec,* XXI no 70 corrigé
       à 80 (9 juillet 1863) p. 2

860 « Petite Revue mensuelle », *Journal de l'instruction publique*, VII (1863) 121–122
[Nécrologie]

861 ROBIDOUX, RÉJEAN, o.m.i., « Fortunes et infortunes de l'abbé Casgrain » (voir no 182), 209–229
[L'éd. de 1877 aurait été procurée par l'abbé Casgrain, mais sans qu'il se soit donné la peine de revoir le texte avant la publication, p. 228, note 85]

862 ROY, JOSEPH-EDMOND, *Histoire du notariat au Canada...* (voir no 204), t. III, pp. 85–87. Reproduit dans *Le Bulletin des recherches historiques*, XXXII (1926) pp. 116–118
[Cite les passages du roman où il est question du notariat]

L'ÉCUYER, FRANÇOIS-PASCAL-EUGÈNE
(1822–Saint-Philémon de Bellechasse, 22 avril 1898)

LA FILLE DU BRIGAND

863 1844. En feuilleton dans *Le Ménestrel*, I nos 11–14 (29 août–19 septembre 1844)
[Signé: « Piétro »]

864 1848. Dans James Huston (comp.), *Le Répertoire national* (voir no 129), III (1848) pp. 84–197

865 1853. Dans *Légendes canadiennes*, recueillies par J. Huston (voir no 130), pp. 104–229

866 1878. En feuilleton dans *Le Foyer domestique*, 3e Année, vol. V, nos 8–10 (août–octobre 1878)

867 1893. Dans James Huston (comp.) *Le Répertoire national* (voir no 129), III (1893) pp. 91–207

868 1914. Eugène L'Écuyer. La Fille du brigand. Roman canadien extrait du « Répertoire national » et publié pour la première fois en volume séparé; précédé d'une notice biographique sur l'auteur par CASIMIR HÉBERT, membre de la Société historique de Montréal. Montréal, Imprimerie Bilaudeau, limitée, 71–73, rue des Commissaires, 1914. 135 [136] p.
« Eugène L'Écuyer. Notice biographique », pp. [9]–18
[Portr. de l'auteur en face de la page-titre]
Bibliothèques: QMBM, QMSS, QQA

869 NOTES
Auteur fécond dans le genre romanesque, L'Écuyer a laissé plusieurs récits et nouvelles (voir no 871) et au moins un roman, « Christophe Bardinet » (paru en feuilleton dans *Le Moniteur canadien*, éd. hebdomadaire, I nos 1–12, 1er septembre–16 novembre 1849), lequel n'a pas été édité en volume. Un autre roman, « Peine de mort » (annoncé dans *Le Moniteur canadien*, I no 37, du 10 mai 1850), sur les troubles de 1837–1838, ne paraît pas avoir vu le jour.

A CONSULTER

870 DANDURAND, abbé A., *Le Roman canadien-français* (voir no 94), pp. 26–27

871 HAYNE, DAVID M., « Notes bibliographiques: Eugène L'Écuyer » dans *Bibliographical Society of Canada Newsletter,* IV no 2 (décembre 1960) pp. 3–4
[Liste des nouvelles et récits publiés par L'Écuyer dans divers journaux et revues]

872 ——, « Les Origines du roman canadien-français » (voir no 125), surtout pp. 54–55

873 HÉBERT, CASIMIR, « Eugène L'Écuyer. Notice biographique » dans l'éd. de 1914, pp. [9]–18
[La meilleure biographie]

874 R., « Eugène L'Écuyer », *Le Bulletin des recherches historiques,* IX (1903) p. 122
[Courte biographie]

875 ROY, JOSEPH-EDMOND, *Histoire du notariat au Canada...* (voir no 204), t. III, pp. 87–89
[Esquisse biographique]

LEGENDRE, LOUIS-NAPOLÉON
(Nicolet, 13 février 1841–Québec, 16 décembre 1907)

ANNIBAL

876 1890. En feuilleton dans *Le Canada-français,* III nos 2–5 (février–mai 1890)

877 1891. Dans Napoléon Legendre, *Mélanges; prose et vers,* Québec, C. Darveau, 1891, pp. [5]–121

878 1898. Annibal, par Napoléon Legendre. Lévis, Pierre-Georges Roy, éditeur, 1898. 120 p.
[En tête de la couverture: « Bibliothèque canadienne »]
Bibliothèques: BVaU, OONL, OOSJ, OTP, OTU, QMM, QMSS, QMU, QQA, QQL, QQLa

879 NOTES

Auteur de plusieurs contes et nouvelles, Legendre publia dans l'*Album de la Minerve* (I no 1–II no 4, 1er janvier 1872–23 janvier 1873) un autre roman, « Sabre et Scalpel », qui n'a pas été édité en volume. Adjutor Rivard nous raconte (voir no 890, p. 81) que Legendre « n'en parlait jamais qu'en lui donnant par plaisanterie, et pour se moquer, le titre de *Fabre et Gravel* » (allusion à la Librairie Fabre et Gravel à Montréal).

A CONSULTER

880 BARRY, Mlle ROBERTINE [pseud. FRANÇOISE], « Nos morts » (Napoléon Legendre), *Le Journal de Françoise,* VI no 19 (4 janvier 1908) p. 296

880a BENDER, L.-P., *Literary Sheaves...* (voir no 63), pp. 147–148

881 BOURINOT, JOHN GEORGE, « Bibliography of Members of the Royal Society of Canada » (voir no 1b), pp. 52–53

882 « Dr. Napoléon Legendre » dans *Mémoires de la Société royale du Canada,* 3ᵉ sér., II (1908), pp. xviii-xix
[Article nécrologique, avec portr.]

883 FAUCHER DE SAINT-MAURICE, N.-H.-E., « Napoléon Legendre » dans *Choses et autres...* (voir no 108), pp. 137–153
[Sur « Sabre et scalpel »]

FRANÇOISE [pseud.]. Voir BARRY, Mlle ROBERTINE, no 880

884 FRASER, I. F., « Napoléon Legendre » dans *Bibliography of French-Canadian Poetry* (voir no 15), p. 74
[Ses écrits en vers]

885 LESAGE, JULES-SIMÉON, « Napoléon Legendre » dans *Propos littéraires* (voir no 153), pp. 84–95
[Énumération des ouvrages de Legendre, avec des citations]

886 MORGAN, HENRY JAMES, « Napoléon Legendre » dans *The Canadian Men and Women of the Time...* (voir no 166), First Edition, pp. 573–574

887 « Napoléon Legendre », *Le Bulletin des recherches historiques,* XXXV (1929) p. 537
[Brève notice biographique]

888 « Ouvrages publiés par Napoléon Legendre » *Le Bulletin des recherches historiques,* XIV (1908) pp. 254–255

889 PATRY, GABRIELLE, « Napoléon Legendre, 1841–1907 », *Vie française,* XV (1961) pp. 237–241
[Courte biographie et appréciation]

890 RIVARD, ADJUTOR, « Legendre » dans *Mémoires de la Société royale du Canada,* 3ᵉ sér., III (1909), sect. 1, pp. 73–86. Tiré à part, Ottawa, [s.éd.], 1910, et reproduit dans le *Bulletin du parler français au Canada,* VIII (1909–1910) pp. 81–96
[Bonne étude d'ensemble, suivie d'une liste exacte des ouvrages de Legendre]

891 ROY, Mgr CAMILLE, « Napoléon Legendre » dans *A l'ombre des érables* (voir no 194), pp. 107–120
[Article nécrologique écrit en 1907]

891a ROY, PIERRE-GEORGES, « Napoléon Legendre » dans *Les Avocats de la région de Québec* (voir no 205a), pp. 266–267

LEMAY, LÉON-PAMPHILE
(Lotbinière, 5 janvier 1837–Saint-Jean Deschaillons, 11 juin 1918)

LE PÈLERIN DE SAINTE-ANNE

892 1877. P. LeMay. Le Pèlerin de Sainte Anne. Québec, Typographie de C. Darveau, 82, rue de la Montagne, 1877. 2 vol. 312 et 328 p.
« Liste des souscripteurs au roman *Le Pèlerin de Sainte Anne* », pp. [329]–341
Bibliothèques: BVAU, NBFU, OKQ, OTP, OTU, QMBM, QMSS, QMU, QQA, QQL, QQLa

893 [1893]. Pamphile Le May. Le Pèlerin de Sainte-Anne; roman de mœurs.
Nouvelle édition. Montréal, C. O. Beauchemin & fils, Libraires-
Imprimeurs, 256 et 258, rue Saint-Paul. 309 p.
[Version abrégée. Voir no 905, pp. 14, 32–33]
Bibliothèques: OONL, OOU, OTP, QMU, QMSS, QQA, QQL

894 [s.d.]. Pamphile Le May. Le Pèlerin de Sainte-Anne; roman de mœurs.
Nouvelle édition. Montréal, Librairie Beauchemin, limitée. 430, rue
Saint-Gabriel, 430. 309 p.
[Titre de couverture. Réimpression vers 1930 de l'éd. de 1893 avec une nouv.
couverture]

895 [c. 1930]. P. Le May. Le Pèlerin de Sainte Anne. (Édition pour la jeunesse).
Illustrations de ANDRÉ FOURNIER. Tours, Maison Alfred Mame & fils;
Montréal, Granger frères, limitée, 54 ouest, rue Notre-Dame. 366 p.
(Collection canadienne, série 521, no 521–01)
Bibliothèques: OOSU

PICOUNOC LE MAUDIT

896 1878. P. LeMay. Picounoc le maudit. Tome I [II]. Québec, Typographie de
C. Darveau, 82, rue de la Montagne, 1878. 2 vol., 379 et 288 p.
Bibliothèques: NSHD, NSHK, OTP, OTU, QMBM, QMSS, QMU, QQA, QQL, QQLa

L'AFFAIRE SOUGRAINE

897 1884. L. Pamphile LeMay. L'Affaire Sougraine. Québec, Typographie de
C. Darveau, 1884. 458 [459] p.
Bibliothèques: BVaU, OKQ, OOC, OONL, OTP, OTU, QMBM, QMSS, QQA, QQL, QQLa

898 NOTES

Avant de publier son premier recueil de vers, LeMay s'était essayé dans
le genre romanesque avec une nouvelle, « L'Épreuve » (publiée dans le
Journal de Québec, XXI nos 133–138, 10–21 novembre 1863), et même
après l'insuccès de ses trois faibles romans il fit des *Contes vrais*
(Québec, Le Soleil, 1900. 259 p. Seconde éd. revue et considérablement
augmentée, Montréal, Librairie Beauchemin limitée, 1907. 551 [553] p.)
lesquels, avec sa traduction du *Golden Dog* de William Kirby, (voir no
840), restent ce qu'il y a de meilleur parmi les écrits en prose de ce
poète respecté.

L'on comprendra que nous n'ayons pas tenu compte des nombreux
articles consacrés exclusivement à LeMay, poète; le lecteur qui s'y
intéresse se reportera aux bibliographies de MM. Fraser (voir no 15)
ou Hare (voir no 912). Nous avons pourtant retenu une série d'articles
parus dans *Le Terroir* en 1936–1937 pour marquer le centenaire de
naissance du poète, ceux-ci n'ayant pas été signalés dans les autres
bibliographies.

A CONSULTER

899 « *L'Affaire Sougraine* » (Notice bibliographique), *Nouvelles Soirées canadiennes,* III (1884) pp. 191–192
[P. 191: « Il y a environ quatre ans, le bruit se répandit dans la presse qu'un

meurtre avait été commis dans les forêts de Lotbinière par un sauvage du
nom de Sougraine. Après quelques jours de recherches, les autorités s'empa-
rèrent du criminel, et bientôt la rumeur ajoutait aux accusations portées contre
lui celles de l'assassinat de son épouse et de l'enlèvement d'une douce et
belle jeune fille que son inexpérience avait jetée dans les bras de cet homme.
C'est là-dessus que M. Lemay, dont l'esprit a vite saisi les côtés piquants
de cette affaire, a bâti son roman... »]

900 BELLERIVE, G., « Pamphile Lemay » dans *Nos auteurs dramatiques* (voir
     no 62), pp. 29–33, 140
     [LeMay auteur de trois comédies et d'un opéra]

901 BISSON, LAURENCE-A., « Pamphile Lemay » dans *Le Romantisme littéraire
     au Canada français*, Paris, E. Droz, 1932, pp. 217–225
     [Les sources françaises de l'œuvre poétique de LeMay]

902 BOISSONNAULT, CHARLES[-MARIE], « Pamphile Le May », *Le Terroir*,
     XVIII no 7 (décembre 1936) p. 7
     [Fragments d'une conférence prononcée devant la Société des Poètes, au
     Cercle Universitaire, le 12 décembre 1936]

903 BOURINOT, JOHN GEORGE, « Bibliography of Members of the Royal Society
     of Canada » (voir no 1b), p. 52

904 C., S., « Léon Pamphile LeMay », *Le Propagateur*, VI no 9 (mai 1910),
     pp. 1 ct 15. Reproduit dans *Biographies et Portraits d'écrivains cana-
     diens...* (voir no 68), pp. 74–77
     [Notice biographique]

905 CORBETT, EDWARD M., « Pamphile Lemay, prosateur », Québec, 1947. ii,
     104 f.
     [Thèse présentée à la Faculté des Lettres de l'Université Laval pour obtenir
     le grade de maître ès arts. Voir, aux pp. 11–33, le chapitre II: « Le Romancier » :
     unique étude d'ensemble sur l'œuvre romanesque de LeMay]

906 DANDURAND, abbé A., *Le Roman canadien-français* (voir no 94), pp.
     134–137 [les romans] et 148–152 [les contes]

907 DESROSIERS, JOSEPH, « *Picounoc le maudit* », *La Revue canadienne*, XV (1878)
     pp. 480–484
     [Compte rendu peu favorable]

908 « EGO ILLE », « *Picounoc le maudit* », *L'Opinion publique*, IX (1878), pp.
     280–281
     [Compte rendu plutôt indulgent]

     FISKE, JOHN. Voir WILSON, JAMES GRANT et JOHN FISKE, no 933

909 FRASER, I. F., *Bibliography of French-Canadian Poetry* (voir no 15), pp.
     74–77

910 [FRÉCHETTE, LOUIS-HONORÉ], « Pamphile Lemay », *L'Opinion publique*, IV
     (1873) p. 181. Portr. p. 185
     [Biographie farcie d'éloges]

911 FRÈRES DES ÉCOLES CHRÉTIENNES, « Pamphile Le May » dans *A travers la
     littérature canadienne* (voir no 114), pp. 253–263
     [Aperçu de l'œuvre entière de LeMay]

102   BIBLIOGRAPHIE CRITIQUE DU ROMAN CANADIEN-FRANÇAIS

911a HALDEN, CHARLES AB DER, *Nouvelles Études de littérature canadienne-française* (voir no 122), pp. 267–283

912 HARE, JOHN ELLIS, « A Bibliography of the Works of Léon Pamphile Lemay (1837–1918) », *Papers of the Bibliographical Society of America,* LVII (1963) pp. 50–60
[Excellente bibliographie, complète et exacte]

913 LAMBERT, ADÉLARD, « A propos du roman *Picounoc* » dans *Journal d'un bibliophile,* Drummondville, « La Parole », 1927, pp. 17–20
[Une vieille femme qui prétend être une descendante de Picounoc]

914 LÉGARÉ, ROMAIN, o.f.m., « Pamphile Le May », *Lectures,* VII (1961) pp. 131–134
[Bonne étude d'ensemble, avec liste des ouvrages de Le May]

915 LE MAY, J.-ARMAND, *Album-Souvenir; Tricentenaire des familles LeMay, 1659–1959...,* [Québec, s.éd.], 1959. 144 p.
[Photo du mausolée du poète, p. 99; portr. du poète, p. 127]

916 « Léon-Pamphile Le May », *Le Bulletin des recherches historiques,* XXXIII (1927) p. 92
[Brève notice biographique]

917 « Léon-Pamphile Le May » dans *The Canadian Biographical Dictionary and Portrait Gallery of Eminent and Self-made Men* (voir no 78), pp. 151–152

918 MARQUIS, GEORGES-ÉMILE, « Un centenaire », *Le Terroir,* XVIII nos 2–3 (juillet-août 1936) pp. 7–8
[Le même numéro reproduit d'autres témoignages sur Le May et son œuvre]

919 ——, « Le Monument Le May » *Le Terroir,* XVIII no 5 (octobre 1936) pp. 4–5
[Reproduit des lettres de Mgr CAMILLE ROY, LOUIS-PHILIPPE ROY et DAMASE POTVIN à ce sujet]

920 ——, « Le Centenaire Le May », *Le Terroir,* XVIII no 7 (décembre 1936) pp. 2–3

921 ——, « Pamphile Le May, 1837–1918. Sa vie, son œuvre, ses critiques. Lui élèvera-t-on un monument? », *L'Action catholique,* XXX no 9262 (5 janvier 1937) pp. 9 et 13
[Photos de Le May; de nombreux témoignages français et canadiens sur son œuvre]

922 MORGAN, HENRY JAMES, « Léon Pamphile Lemay » dans *The Canadian Men and Women of the Time* (voir no 166), Second Edition, pp. 649–650

L'ONCLE GASPARD [pseud.]. Voir TURGEON, JEAN-MARIE, no 932

923 PARADIS, abbé LOUIS-LAURENT, *Annales de Lotbinière, 1672–1933,* Québec, L'Action catholique, 1933, surtout pp. 370–371
[Les « fêtes de Pamphile Lemay » en 1929 et l'inscription commémorative inaugurée à l'automne de cette année]

924 « *Le Pèlerin de Sainte-Anne* », *L'Événement,* x no 274 (14 avril 1877) p. 2
      [Lecture devant l'Institut canadien de Québec, le 11 avril 1877, de fragments
      du roman, faite par LeMay. A la même page, on peut lire une lettre violente
      de LeMay, qui accuse le rédacteur du *Canadien* d'avoir voulu détruire
      l'œuvre avant la publication]

925 POTVIN, DAMASE [pseud. JEAN SAINTE-FOY], « Pamphile Le May », *Le
      Pays laurentien,* III (1918) pp. 198–199. Reproduit dans *Le Terroir,* I
      no 2 (octobre 1918) pp. 2–3
      [Nécrologie]

926 ROY, Mgr CAMILLE, « Pamphile Le May », *Le Canada français,* I (1918–
      1919) pp. 30–42. Reproduit dans *A l'ombre des érables* (voir no 194),
      pp. 9–27
      [Article nécrologique]

927 ——, « L'Œuvre de P. Lemay », *Le Canada français,* XI (1923–1924)
      pp. 485–506. Reproduit dans *A l'ombre des érables* (voir no 194), pp.
      28–62
      [L'œuvre poétique]

928 ROY, PIERRE-GEORGES, « Ouvrages publiés par M. Léon-Pamphile Lemay »,
      Le Bulletin des recherches historiques, XXIX (1923) pp. 318–319

928a ——, « Léon-Pamphile Lemay » dans *Les Avocats de la région de Québec*
      (voir no 205a), p. 268

      SAINTE-FOY, JEAN [pseud.]. Voir POTVIN, DAMASE, no 925

929 SAINT-JORRE, CÉCILE, « Essai de bio-bibliographie sur Pamphile Lemay »,
      Montréal, 1939. 19 f.
      [Thèse soumise à l'École de Bibliothécaires de l'Université de Montréal.
      Dactylographiée. *Non vidi*]

930 SAINT-PIERRE-DE-LA-CROIX, Sr MARIE DE, s.c.i.m., « Pamphile Lemay,
      peintre de la vie campagnarde d'autrefois au Canada », Québec, 1949.
      132 f.
      [Thèse présentée à la Faculté des Lettres de l'Université Laval pour obtenir
      le grade de maître ès arts. Bonne bibliographie aux pp. 129–132]

931 TARDIVEL, J.-P., « *Le Pèlerin de Sainte-Anne* » dans *Mélanges* (voir no
      222) t. I, pp. 219–233
      [Étude tirée du *Canadien,* 11 juillet 1877. « Un livre intéressant, mais très mal
      écrit et tellement dangereux qu'on ne saurait le mettre entre les mains de
      tout le monde » (p. 233)]

932 TURGEON, JEAN-MARIE [pseud. L'ONCLE GASPARD], « Pamphile Le May en
      quinze images » dans *L'Oncle Gaspard vous offre le dessus du panier de
      ses chroniques parues dans L'Événement et Le Journal,* Québec, [s.éd.],
      1937, pp. 258–268
      [Biographie]

933 WILSON, JAMES GRANT et FISKE, JOHN (comp.), « Léon Pamphile Lemay »
      dans *Appleton's Cyclopaedia of American Biography* (voir no 237b),
      t. III, p. 684

L'ÉPINE, CHARLES
Pseud. d'ÉDOUARD NARBONNE, *q.v.*

LEPROHON, Mme JEAN LUKIN [née ROSANNA ELEANOR MULLINS]
(Montréal, 12 janvier 1829–Montréal, 20 septembre 1879)

934 NOTES

Femme auteur canadien de langue anglaise; quatre de ses romans ont paru en traduction française:

i) *Antoinette de Mirecourt, ou Mariage secret et chagrins cachés*, trad. française par JOSEPH-AUGUSTE GENAND, Montréal, C. O. Beauchemin & Valois, 1865, 342 p. Une autre éd., Montréal, J. B. Rolland & fils, 1881, viii, 343 p. Reproduit en feuilleton dans *Les Nouvelles Soirées canadiennes*, v et vi (1886–1887)

ii) *Armand Durand, ou la Promesse accomplie*, trad. française par JOSEPH-AUGUSTE GENAND, Montréal, J. B. Rolland & fils, 1869, 315 p. Une autre éd., Montréal, C. O. Beauchemin & fils, 1892, 367 p.

iii) *Le Manoir de Villerai*, trad. française par JOSEPH-ÉDOUARD LEFEBVRE DE BELLEFEUILLE, publié d'abord en feuilleton dans *L'Ordre* (1861). Editée en volume, Montréal, De Plinguet, 1861, vi, 405 p. Une autre éd., Montréal, Beauchemin & Valois, 1884, 384 p. De nombreuses réimpressions de cette éd. ont paru.

iv) *Ida Beresford*, trad. française par JOSEPH-ÉDOUARD LEFEBVRE DE BELLEFEUILLE, dans *L'Ordre* (1859–1860)

A CONSULTER

935 ADRIAN, F., i.c. [HENRI DENEAU], « Life and Works of Mrs. Leprohon », Fall River, Mass., 1948. 133 f.
[Thèse polycopiée; la seule étude importante de l'œuvre de cet auteur]

LESPÉRANCE, JOHN TALON
(St. Louis, Missouri, 1838–Montréal, 10 mars 1891)

936 NOTES

Auteur canadien de langue anglaise, dont deux romans ont paru en traduction française:

i) *Les Bastonnais*, trad. française par ARISTIDES [*sic*] PICHÉ, dans *La République* (Boston), i (1876), et dans *La Revue canadienne*, xxix–xxx (1893–1894). En volume: Montréal, C. O. Beauchemin & fils, 1896. 272 p.

ii) « Rosalba, ou les Deux Amours; épisode de la rébellion de 1837 », trad. française par EMMANUEL BLAIN DE SAINT-AUBIN, dans *L'Opinion publique*, vii (1876), et dans *Le Monde illustré*, xv (1898–1899)

A CONSULTER

937 MASSICOTTE, ÉDOUARD-ZOTIQUE [pseud. CABRETTE], « Jean Talon-Lespérance », *Le Bulletin des recherches historiques*, XXX (1924) p. 81

MARCIL, CHARLES
(Saint-Hermas, 1831–Hull, mars 1876)

L'HÉRITIÈRE D'UN MILLIONNAIRE

938 1867. L'Héritière d'un millionaire [*sic*]; roman historique par Charles Marcil. Prix pour chaque livraison: 20 c.; pour l'ouvrage complet: $1.20. J. A. David, Éditeur, Montréal, 1867. 96 p. [2 livraisons de 48 p. chacune]
« Avis au lecteur », pp. [3]–4
« Préface », p. [5]
Bibliothèques: QMSS [2 livraisons]; QQL, QQS [1ère livraison]

939 NOTES

Bien qu'on parle dans l'Avis au lecteur (p. 4) de six livraisons, il paraît que deux seulement ont vu le jour. L'inexpérience de l'auteur, qui mêlait à une intrigue amoureuse de longs passages (pp. 40–59, 75–96) d'une histoire du Canada qu'aurait composée un ami du héros, n'explique que trop bien l'insuccès du livre.

MARMETTE, JOSEPH-ÉTIENNE-EUGÈNE
(Saint-Thomas de Montmagny, 25 octobre 1844–Ottawa, 7 mai 1895)

CHARLES ET ÉVA

940 1866–67. En feuilleton dans *La Revue canadienne*, III no 12–IV no 5 (décembre 1866–mai 1867)

941 [1945]. Joseph Marmette. Charles et Éva; roman historique canadien. Les Éditions Lumen, chez Thérien frères, limitée, 494 ouest, rue Lagauchetière, Montréal–1. 187 [189] p.
« Préface » (Léo-Paul Desrosiers), pp. [7]–13
Bibliothèques: BVAU, OKQ, OKR, OOSJ, OOU, OTP, OTU, QMBM, QMU, QQA, QQL, QQLa

FRANÇOIS DE BIENVILLE

942 1870. François de Bienville; scènes de la vie canadienne au XVIIe siècle, par Joseph Marmette. A Québec, chez Léger Brousseau, Imprimeur-Éditeur, 1870. 299 p.
« A l'honorable P.-J.-O. Chauveau... », p. [5]
« Introduction », pp. [7]–10
Bibliothèques: OKQ, OONL, OTU, QMBM, QMSS, QQL, QQLa

943	1871. Traduction anglaise faite par « a young lady of New York » dans *The New York Citizen (and Round Table)*, VII no 363–VIII no 386 (June 10–November 18, 1871)

944	1877. Dramatisation inédite (voir no 984). Une copie manuscrite de cette pièce est conservée aux Arch. du Petit Séminaire de Québec, Fonds Brodeur, Polygraphie 228

945	1877. Extraits dans Joseph Marmette, *Le Tomahahk et l'Épée*, Québec, Léger Brousseau, 1877 :
	« Le Second Siège de Québec », pp. 85–190
	« La Mort d'un brave », pp. 191–206

946	1881. Dramatisation inédite (voir no 989), composée par le R.P. M.-J. MARSILE et représentée au Séminaire de Joliette.

947	1883. François de Bienville; scènes de la vie canadienne au XVIIᵉ siècle, par Joseph Marmette. Deuxième édition. Montréal, Beauchemin & Valois, Libraires-Imprimeurs, 256 et 258, rue St-Paul, 1883. 441 p.
	« A l'honorable P.-J.-O. Chauveau... », p. [5]
	« Introduction », pp. [7]–14
	« Préface de la première édition », pp. [15]–20
	Bibliothèques: BVAU, NBFU, NSHD, OKQ, OOA, OOCC, OONL, OTP, OTU, QMBM, QMM, QMSS, QMU, QQA, QQL, QQLa, SRL

948	1907. François de Bienville; scènes de la vie canadienne au XVIIᵉ siècle, par Joseph Marmette. Troisième édition. Montréal, Librairie Beauchemin, limitée, 256, rue Saint-Paul, 1907. 280 [281] p.
	« A l'honorable P.-J.-O. Chauveau... », p. [5]
	« Introduction », pp. [7]–10
	« Préface de la première édition », pp. [11]–13
	Bibliothèques: LC, QMBM, QMSS

949	1924. François de Bienville; scènes de la vie canadienne au XVIIᵉ siècle, par Joseph Marmette. Quatrième édition. Montréal, Librairie Beauchemin, limitée, 30, Rue St-Gabriel, 1924. 203 [204] p.
	(Bibliothèque canadienne, collection Champlain, no 716 B)
	« A l'honorable P.-J.-O. Chauveau... » , p. [11]
	« Introduction », pp. [13]–15
	« Préface de la première édition », pp. [17]–18
	Bibliothèques: BVAU, OKR, OONL, OOSJ, OOSU, QMBM, QMSS

950	1924. Extraits dans Joseph Marmette, *Le Tomahahk et l'Épée*, deuxième éd., Montréal, Beauchemin, 1924 :
	« Le Second Siège de Québec », pp. 57–114
	« La Mort d'un brave », pp. 114–122

951	1927. Extrait dans W. A. R. KERR, *A Short Anthology of French-Canadian Prose Literature* (voir no 133):
	« La Trophée », pp. 23–31

L'INTENDANT BIGOT

952	1871. En feuilleton dans *L'Opinion publique*, II nos 18–43 (4 mai–26 octobre 1871)

953 1872. Roman canadien reproduit de « L'Opinion publique ». L'Intendant Bigot, par Joseph Marmette. Montréal, George E. Desbarats, Éditeur, 1872. 94 p.
Bibliothèques: OKR, OOU, OTP, OTU, QMBM, QMM, QMSS, QMU, QQL, QQS

954 1872 ? Dramatisations inédites. Des copies de deux pièces sont conservées aux Arch. du Petit Séminaire de Québec, Fonds Brodeur, Polygraphie 228

955 1878. Extraits dans *Héroïsme et Trahison; récits canadiens*, Québec, C. Darveau, 1878:
« Traîtres et Braves, 1755–1759 », pp. [35]–193

956 1880. Extraits dans *Héroïsme et Trahison; récits canadiens*, troisième éd., Québec, C. Darveau, 1880:
« Traîtres et Braves, 1755–1759 », pp. [35]–193

957 1881. Extraits dans *Héroïsme et Trahison; récits canadiens*, quatrième éd., Québec, C. Darveau, 1881:
« Traîtres et Braves, 1755–1759 », pp. [35]–193

958 1924. Extraits dans *Héroïsme et Trahison; récits canadiens*, nouv. éd., Montréal, Beauchemin, 1924:
« Traîtres et Braves, 1755–1759 », pp. 27–115

959 1929. Opérette inédite (voir no 969). Des papiers relatifs à ce drame sont conservés aux Arch. du Petit Séminaire de Québec, Fonds Brodeur, Polygraphie 229

959a 1930. Réimpression de l'éd. de 1924 d'*Héroïsme et Trahison*

960 1934. Extrait dans Mgr Camille Roy, *Morceaux choisis d'auteurs canadiens* (voir no 197)
« Un bal chez l'intendant », pp. 152–155

LE CHEVALIER DE MORNAC

961 1873. En feuilleton dans *L'Opinion publique*, IV nos 25–45 (19 juin–6 novembre 1873)

962 1873. Le Chevalier de Mornac; chronique de la Nouvelle-France, 1664, par Joseph Marmette. Montréal, Typographie de « L'Opinion publique », No 319, rue St. Antoine, 1873. 100 p.
« A Elzéar Gérin... », p. [3]
Bibliothèques: OKR, OTP, QMBM, QMM, QMU, QQA, QQL, QQLa

963 1873. Dramatisation inédite (voir no 985)

964 1877. Extrait dans Joseph Marmette, *Le Tomahahk et l'Épée*, Québec, Léger Brousseau, 1877:
« La Dispersion des Hurons », pp. 5–84

965 1878–80. En feuilleton dans *Le Journal de Fourmies* (Nord), 3e Année no 109–4e Année no 175 (24 novembre 1878–29 février 1880)
[Texte complet du roman, en 66 tranches]

966 1924. Extrait dans Joseph Marmette, *Le Tomahahk et l'Épée,* deuxième éd., Montréal, Beauchemin, 1924:
« La Dispersion des Hurons », pp. 11–55

967 NOTES

Sous l'envoûtement de Sir Walter Scott, et sur le point de devenir le gendre de l'historien Garneau, Marmette débuta dans le roman historique en composant vers 1865 un récit qu'il intitula d'abord « Charles Dupuis » et ensuite *Charles et Éva.* « J'avais alors vingt ans: à cet âge on ne doute de rien, et l'on ne sait pas grand'chose. Aussi y a-t-il plus de bonne volonté que de mérite dans cette malheureuse nouvelle qui n'en est pas une », écrivit-il dans l'introduction de *François de Bienville* quatre ans plus tard. Après « cette tentative dans un genre encore peu exploité dans notre pays », Marmette continua d'écrire des contes et des romans historiques (dont sa « Fiancée du rebelle », publiée dans *La Revue canadienne,* XII, 1875). En même temps il se consacrait à des recherches historiques, dont il faisait quelquefois double emploi: ayant, par exemple, fait paraître en 1872 son roman *L'Intendant Bigot,* il rédigea en 1876 une étude historique sur « Bigot et sa cour » (*L'Opinion publique,* VII nos 7–10, 17 février–9 mars 1876). Puis à partir de 1880, il renonça au roman historique et publia dans les revues de l'époque des fragments de romans de mœurs contemporaines:

i) « Fragment d'un roman inédit », *La Nouvelle-France,* I, no spécimen (1er mai 1881) pp. 9–13
ii) « Kirouet et Cantin », *La Nouvelle-France,* I nos 4–6 (15 septembre–15 octobre 1881). Reproduit dans ses *Récits et Souvenirs,* Québec, C. Darveau, 1891, pp. 25–62
iii) « La Mansarde du palais » dans *A la mémoire d'Alphonse Lusignan,* Montréal, Desaulniers et Leblanc, 1892, pp. 169–187
iv) « A travers la vie », *La Revue nationale,* I-II (1895–96) [Achevé par LOUIS FRÉCHETTE. Marmette a lu des extraits de ce roman devant la Société royale du Canada à la séance de 1890. Des copies de ce manuscrit sont conservées aux Arch. du Petit Séminaire de Québec, Fonds Brodeur, Polygraphies 225 et 226.]

Signalons enfin les richesses du Fonds Casgrain et du Fonds Brodeur des Arch. du Petit Séminaire de Québec. Le Fonds Casgrain contient une série de lettres par lesquelles Marmette tenait l'abbé Casgrain au courant de la composition de ses romans (voir surtout le vol. VI, nos 11, 59, 60, 64, 74, 79 et le vol. VII, nos 62 et 87). L'immense Fonds Brodeur, récemment acquis, contient un grand nombre de lettres et documents, dont une correspondance entre Marmette et son éditeur, Georges-Édouard Desbarats (Polygraphies 210 et 215), et de nombreuses lettres adressées à l'abbé Casgrain et à d'autres.

A CONSULTER

AMEAU, CHARLES [pseud.]. Voir SULTE, BENJAMIN, no 1019

968 BÉGIN, abbé ÉMILE, « Notes de lecture » [*Charles et Éva*], *L'Enseignement secondaire,* XXV (1946) p. 545

969 BELLERIVE, GEORGES, « Alfred Rousseau et J.-Ulric Voyer » dans *Nos auteurs dramatiques* (voir no 62) pp. 25, 151–153
[L'opérette *L'Intendant Bigot*, jouée à Montréal les 5 et 7 février 1929 et à Québec les 22 et 23 mars de la même année, ne doit rien au roman de Marmette]

970 BENDER, L.-P., *Literary Sheaves...* (voir no 63), pp. 135–146
[Énumération des principaux ouvrages de Marmette, avec une appréciation]

971 BÉRAUD, JEAN, *350 ans de théâtre au Canada français*, [Montréal], Le Cercle du Livre de France, [1958]. 316 [319] p.
[Pièces tirées des romans de Marmette, pp. 47–48, 57, 201]

972 BERTRAND, CAMILLE, « Joseph Marmette, romancier », *La Revue des livres*, I no 1 (mars 1935) pp. 8–10, et *Le Devoir*, XXVI no 51 (2 mars 1935) p. 7
[Causerie donnée à la Radio-État le 28 février 1935]

BERTRAND, LUCIENNE. Voir SAINT-JEAN DOMINIQUE, Sr, c.n.d., no 1016

BIENVILLE, LOUYSE DE [pseud.]. Voir BRODEUR, Mme DONAT, no 973b

973 BLAIN DE SAINT-AUBIN, EMMANUEL, « Quelques mots sur la littérature canadienne-française », *La Revue canadienne*, VIII (1871) pp. 91–110
[Surtout pp. 100–104 sur *François de Bienville*]

973a BOURINOT, JOHN GEORGE, « Bibliography of Members of the Royal Society of Canada » (voir no 1b), p. 58

973b BRODEUR, Mme DONAT [pseud. LOUYSE DE BIENVILLE], *Figures et Paysages* (voir no 74), pp. 76–78
[Avec portr.]

974 BRODEUR, MAURICE, « Joseph Marmette, archiviste-historien-romancier », *Le Canada français*, XXV (1938) pp. 607–617
[Biographie, presque identique à celle publié par Mgr OLIVIER MAURAULT (voir no 1002), et étude générale de l'œuvre de Marmette]

975 C., P., « M. Joseph Marmette », *Le Monde illustré*, XII (1895) p. 27
[Notice nécrologique, avec portr. à la p. 25]

976 CASGRAIN, abbé Henri-Raymond [pseud. UN LITTÉRATEUR], « *François de Bienville* », *Le Courrier du Canada*, XIV no 121 (14 novembre 1870) p. 2. Reproduit dans *L'Opinion publique*, I (1870) pp. 370–371
[Le roman serait le « fruit de deux années de recherches »]

977 ——— [pseud. PLACIDE LÉPINE], « Joseph Marmette », *L'Opinion publique*, III (1872) p. 146. Reproduit dans AUGUSTE LAPERRIÈRE (comp.), *Les Guêpes canadiennes* (voir no 137), t. I, pp. 248–254
[Esquisse biographique avec anecdotes à l'appui, et éloge de *François de Bienville*]

978 « Ceux qui firent notre pays. Joseph Marmette » *Le Devoir*, XXXV no 129 (6 juin 1944) p. 5
[Brève biographie]

979 DANDURAND, abbé A., *Le Roman canadien-français* (voir no 94), pp. 95–96

980 DAVID, LAURENT-OLIVIER, « *François de Bienville* », *L'Opinion publique*, I
     (1870) p. 290
     [Notice très favorable]

980a ——, « L'intendant Bigot », *L'Opinion publique*, II (1871) p. 205
     [Présentation du feuilleton]

981 DE CELLES, ALFRED-DUCLOS, « Joseph Marmette » *La Revue nationale*, I
     (1895) pp. 574–577
     [Article nécrologique, avec portr. à la p. 536a du t. II]

982 DUHAMEL, ROGER, « Courrier des lettres », *L'Action nationale*, XXVI (1945),
     surtout pp. 316–319 sur *Charles et Éva.*

983 F., E., « L'Histoire, la Poésie et le Roman français-canadien » (voir no 105),
     Le Constitutionnel, pp. 3–4; *Journal de l'instruction publique*, pp. 57–58
     [Cite une partie de l'introduction du *Chevalier de Mornac*]

984 « Fait divers. *François de Bienville* », *L'Événement*, X no 265 (4 avril 1877)
     p. 2; no 274 (14 avril 1877) p. 3; no 276 (17 avril 1877) p. 2
     [Représentations du drame *François de Bienville* à la Salle de Musique de
     Québec et à la Salle Jacques Cartier; la pièce fut montée par des amateurs
     sous la direction et avec le concours de deux artistes français, M. et Mme
     Maugard]

985 FAUCHER DE SAINT-MAURICE, N.-H.-É., « *Le Chevalier de Mornac* »,
     L'Opinion publique, IV (1873) pp. 615–616
     [Drame en 5 actes et 6 tableaux tiré du roman par Marmette lui-même et
     monté « par M. Maugard de la Compagnie française »]

986 ——, « Joseph Marmette » dans *Choses et autres...* (voir no 108),
     pp. 72–108
     [*François de Bienville*, pp. 72–81; *L'Intendant Bigot*, pp. 82–96; *Le Chevalier
     de Mornac*, pp. 97–108]

987 FONTAINE, J.-O., « Deux romans de M. Marmette », *La Revue canadienne*,
     XIV (1877) pp. 491–502
     [*François de Bienville*, pp. 492–493; *Le Chevalier de Mornac*, pp. 493–495]

988 ——, « M. Marmette: *L'Intendant Bigot* », *La Revue canadienne*, XIV
     (1877) pp. 659–667
     [Critique sévèrement l'art du romancier]

989 [JOLIETTE, SÉMINAIRE DE], *Les Anciens du Séminaire; écrivains et artistes,*
     Joliette, [s.éd., 1927], p. 157
     [Biographie du R.P. M.-J. MARSILE, qui aurait composé un drame intitulé
     François de Bienville, écrit à la demande du R.P. J.-E. LAPORTE, lequel l'aurait
     fait représenter au collège en 1881]

990 JONES, F. M., *Le Roman canadien-français...* (voir no 132), pp. 124–126

991 « Joseph Marmette », *Le Bulletin des recherches historiques*, XXXIV (1928)
     p. 256
     [Notice biographique]

992 « Joseph Marmette » dans *The Canadian Biographical Dictionary and
     Portrait Gallery of Eminent and Self-made Men* (voir no 78), pp.
     293–295

993 LAPERRIÈRE, A. (comp.), « Joseph Marmette » dans *Les Guêpes canadiennes*
(voir no 137), t. I, pp. 248–254; « M. Marmette », *ibid.*, pp. 309–320
(voir nos 977 et 1013)

LAPORTE, R.P. J.-E. Voir JOLIETTE, SÉMINAIRE DE, no 989

994 LAREAU, E., *Histoire de la littérature canadienne* (voir no 138) pp. 327–331
[Parle de « François de Blainville », erreur qui a été répétée par d'autres
critiques, notamment par Rossel; voir no 1011]

995 LÉGARÉ, ROMAIN, o.f.m., « *Charles et Éva* », *Culture*, VII (1946) p. 380

996 LÉGER, JULES, *Le Canada français et son expression littéraire* (voir no 148),
p. 128
[Reproche à Marmette ses « œuvres hybrides » et sa documentation « souvent
faible »]

997 LE MOINE, JAMES MACPHERSON, « Ruines de Beaumanoir, 1859 »,
L'Opinion publique, VIII (1877) pp. 212–213
[Précisions sur le décor de *L'Intendant Bigot*]

998 LE MOINE, ROGER, « Joseph Marmette; sa vie, son œuvre », Québec, 1965.
xxiv, 285 f.
[Thèse présentée à l'École des Gradués de l'Université Laval pour obtenir le
diplôme d'études supérieures. Ouvrage de première importance pour la
biographie de Marmette. Contient une bonne bibliographie, pp. ix–xxiv, une
chronologie de la vie du romancier, pp. 3–6, et une étude très utile de la vie
et de l'œuvre. Reproduit en appendice *A travers la vie*]

LÉPINE, PLACIDE [pseud.]. Voir CASGRAIN, abbé H.-R., no 977

999 LESAGE, J.-S., *Notes biographiques — Propos littéraires* (voir no 152), pp.
53–61
[Loue sans réserve le talent du romancier]

UN LITTÉRATEUR [pseud.]. Voir CASGRAIN, abbé H.-R., no 976

1000 MAHEUX, F.-H., « Le Château Bigot », *Le Bulletin des recherches historiques*,
IV (1898) pp. 194–206
[La véritable histoire du château]

MARSILE, R.P. M.-J. Voir JOLIETTE, SÉMINAIRE DE, no 989

1001 MASSICOTTE, ÉDOUARD-ZOTIQUE, « *L'Intendant Bigot* », *Le Bulletin des
recherches historiques*, II (1896) pp. 90–91
[Le sort de Bigot après son bannissement]

1002 MAURAULT, Mgr OLIVIER, « Joseph Marmette », *La Revue trimestrielle
canadienne*, XIII (1927) pp. 212–232. Reproduit dans *Marges d'histoire,
I: L'Art au Canada*, Montréal, L'Action canadienne-française, 1929,
pp. 207–244
[Biographie, presque identique à celle publiée par MAURICE BRODEUR (voir
no 974), et étude des traits caractéristiques des romans de Marmette]

1002a MÉNARD, JEAN, *Xavier Marmier et le Canada…*, Québec, Les Presses de
l'université Laval, 1967. [xi], 210 p.
(Vie des lettres canadiennes, 4)
[Les pages 143–149 sont consacrées aux relations de Marmier avec Marmette]

1002b ———, « Xavier Marmier et le Canada », *Revue de l'Université d'Ottawa*, XXXI (1961) pp. 284-297
[Extrait de l'ouvrage précédent. Les pages 288-289 portent sur Marmette]

1003 MONTPETIT, ANDRÉ-NAPOLÉON, « Les Ruines du Château Bigot », *L'Opinion publique*, III (1872) p. 459
[Essaie de rétablir la vérité après la description romanesque fournie par Marmette]

1004 MORGAN, H. J., « J. E. E. Marmette » dans *Bibliotheca Canadensis...* (voir no 38) pp. 247-248

1005 MYRAND, ERNEST, « Capot d'écolier », *Le Bulletin des recherches historiques*, I (1895) pp. 94-96
[Réponse à une question, *ibid.*, p. 64, sur le capot des élèves du Séminaire de Québec, décrit dans le roman inachevé de Marmette, « A travers la vie »]

1006 ———, « Une calomnie historique », *Le Bulletin des recherches historiques*, VIII (1902), pp. 97-110, 129-136
[La légende du cœur de Frontenac, racontée par Marmette dans *François de Bienville*]

1007 « Les Œuvres de Joseph Marmette », *Le Bulletin des recherches historiques*, XI (1905) p. 81

1008 « Le Parlementaire de Phipps », *Le Bulletin des recherches historiques*, XIV (1908) pp. 287-288
[Le véritable parlementaire aurait été le capitaine-lieutenant Thomas Savage et non pas Harthing, création de Marmette dans *François de Bienville*]

PIQUEFORT, JEAN [pseud.]. Voir ROUTHIER, Sir ADOLPHE-BASILE, no 1013

1009 PUYJALON, HENRI DE, *Joseph Marmette*, Montréal, [s.d.n.éd.], pp. 433-448 de la 28e livraison de la série *Men of the Day. A Canadian Portrait Gallery*, éditée par L.-H. TACHÉ
[Traduction anglaise par W. O. FARMER. Portr. et fac-similé de l'écriture de Marmette]

1010 « *Récits et Souvenirs* », *Paris-Canada*, IX no 26 (12 décembre 1891) pp. 1-2
[Cite le texte d'une lettre d'Auguste Maquet, le collaborateur d'Alexandre Dumas, à la louange de *L'Intendant Bigot*]

1011 ROSSEL, VIRGILE, *Histoire de la littérature française hors de France* (voir no 186), pp. 342-343
[Reprend l'erreur de Lareau sur « François de Blainville »]

ROUSSEAU, ALFRED. Voir BELLERIVE, GEORGES, no 969

1012 ROUTHIER, Sir ADOLPHE-BASILE, « M. Joseph Marmette » dans *Causeries du dimanche* (voir no 187), pp. 249-270
[Compte rendu de *François de Bienville*]

1013 ——— [pseud. JEAN PIQUEFORT], « M. Marmette » dans *Portraits et Pastels littéraires*, Montréal, Léger Brousseau, 1873, t. II, pp. 29-48. Reproduit dans AUGUSTE LAPERRIÈRE (comp.), *Les Guêpes canadiennes* (voir no 137), t. I, pp. 309-320

[Se moque de l'amitié entre Casgrain et Marmette et de la « Silhouette littéraire » composée par celui-là; dénonce la « portée morale douteuse » de *François de Bienville*]

1014 Roy, Pierre-Georges, « Joseph-Étienne-Eugène Marmette » dans *La Famille Taché*, Lévis, [s.éd.], 1904, pp. 51–53
[Généalogie]

1015 Roy, Régis, « Le Flibustier Baptiste », *Le Bulletin des recherches historiques*, v (1899) pp. 8–17
[Affirme que Marmette lui a donné des notes sur ce personnage. « Son intention était de composer un petit roman. »]

Saint-Aubin, Emmanuel Blain de. Voir Blain de Saint-Aubin, Emmanuel, no 973

1016 Saint-Jean Dominique, Sr, c.n.d. [Lucienne Bertrand], « La Nouvelle-France dans le roman canadien (1608–1701) » (voir no 209)
[Les pages 90–112 sont consacrées à l'étude du *Chevalier de Mornac*]

Saint-Maurice, N.-H.-É. Faucher de. Voir Faucher de Saint-Maurice, N.-H.-É., nos 985–986

1017 Stanislas, F., s.c., « Joseph Marmette, le *Cooper canadien* », Montréal, 1944. 131 p.
[Mémoire présenté à la Faculté des Lettres de l'Université de Montréal pour l'obtention du grade de maître ès arts. Dactylographiée. Étude de la vie et de l'œuvre de Marmette et de James Fenimore Cooper, qui suggère discrètement, à la p. 130, que Marmette a pu s'inspirer du maître américain pour certains éléments de ses romans. Démontre que la chronologie s'oppose à la légende que le travail de Marmette aux Archives publiques à Ottawa lui aurait aidé à composer ses fictions. Utile pour la biographie de Marmette et pour l'analyse des intrigues de ses romans]

1018 Sulte, Benjamin, « *François de Bienville* », *La Revue canadienne*, vii (1870) pp. 777–783
[Compte rendu enthousiaste; le critique fait d'abondantes citations]

1019 ———— [pseud. Charles Ameau], « Joseph Marmette », *Le Monde illustré*, vi (1889) p. 75
[Portr. à la p. 73]

1020 Sylvestre, Guy, « Pot-pourri littéraire », *Le Droit*, xxxiii no 243 (20 octobre 1945) p. 2
[Notice sur *Charles et Éva*]

Taché, L.-H. Voir Puyjalon, Henri de, no 1009

1021 Vandal, Claude, « Bio-bibliographie de Joseph Marmette... », Granby, 1944. 30 f. (Préface de M. Maurice Brière)
[Thèse présentée à l'École de Bibliothécaires de l'Université de Montréal. Dactylographiée, sauf quelques pages du début, qui sont imprimées. Sur microfilm (voir no 36), bobine no 8. Voir surtout « Ses romans », pp. [15–18]. Compilation utile, quoiqu'elle laisse à désirer en ce qui concerne la précision des références]

MORISSETTE, J.-FERDINAND

LE FRATRICIDE

1022 1884. J. Ferd. Morissette. Le Fratricide; roman canadien, suivi de Albertine et Frédéric, nouvelle; Douleurs et larmes, récit; Un revenant, légende. Montréal, Eusèbe Senécal & fils, Imprimeurs, 20, rue Saint-Vincent, 1884. 189 [191] p.
[Le volume contient:
« Le Fratricide », pp. [5]–149
« Albertine et Frédéric », pp. [151]–170
« Douleurs et larmes », pp. [171]–179
« Un revenant », pp. [181]–189]
Bibliothèques: BVaU, MWU, NBFU, OTP, QMBM, QMSS, QMU

1023 NOTES

L'obscur auteur du *Fratricide* nous a donné aussi un recueil de sept « nouvelles, récits et légendes », *Au coin du feu* (Montréal, Imprimerie Piché frères, 111, rue Notre-Dame, 1883. 113 p.).

NARBONNE, ÉDOUARD (pseud. CHARLES L'ÉPINE)
(Saint-Rémi, 1849–   )

LE SECRÉTAIRE D'AMBASSADE

1024 1878. Le Secrétaire d'ambassade, par Charles L'Épine. [citation], Montesquieu, *Temple de Gnide*. Montréal (Canada): Eusèbe Senécal, Imprimeur-Éditeur, Rue St. Vincent, Nos. 6, 8 et 10, MDCCCLXXVIII. Tous droits de traduction et de reproduction réservés. 202 p.
« Avant-propos », pp. [3]–7
Bibliothèques: OOU, OTP, QMBM, QQA

1025 1879. Le Secrétaire d'ambassade, par Charles L'Épine. [citation], Montesquieu, *Temple de Gnide*. Seconde édition. Montréal (Canada): imprimé et publié par l'auteur, MDCCCLXXIX. Tous droits de traduction et de reproduction réservés. 202 p.
« Avant-propos », pp. [3]–7
Bibliothèques: OONL, QMBM, QMSS, QQL, QQLa

1026 NOTES

Nous lisons à la page 3 de l'avant-propos:

Le roman que nous présentons aujourd'hui au public n'avait jamais été destiné par nous, quand nous le composâmes, à voir le jour dans ce pays.
    Promis à un éditeur parisien, nous comptions bien pouvoir aller, cet été, lui remettre nous-même notre humble manuscrit. Mais d'un côté, des circonstances imprévues et toutes en dehors de notre volonté, s'opposant à ce que nous retournassions si tôt en France; d'autre part, un grand nombre d'exemplaires de cet ouvrage ayant été vendus d'avance, avec condition expresse de les livrer dans un temps strictement déterminé; nous avons donc dû en ordonner ici la publication...

Pourtant, en dépit de ces affirmations, ce volume n'est qu'un plagiat servile de la deuxième partie, pp. 177–293, du roman d'AMÉDÉE ACHARD, *Les Rêveurs de Paris: Louis de Fontenay, Fabien de Serny*, Paris, Librairie Nouvelle, 1860. (D'autres éditions ont paru en 1861 et 1867.) « L'auteur » canadien est sans doute Édouard Narbonne, connu aussi sous le faux nom de « vicomte Édouard de Narbonne-Lara », bien que l'attribution ne soit pas certaine. (Voir les nos 1027, 1029, 1030)

A CONSULTER

1027 AUDET, F.-J. et G. MALCHELOSSE, *Pseudonymes canadiens* (voir no 52), p. 89

1028 « BIBLIOPHILE », « M. de Narbonne-Lara », *Le Bulletin des recherches historiques*, XXI (1915) p. 29
[Réponse à une question publiée dans la même revue, vol. XX (1914) p. 167. Il s'agit de l'identité de l'auteur d'un volume d'*Esquisses poétiques*]

1029 F[AUTEUX], AEG[IDIUS], « *Le Secrétaire d'ambassade* », *Le Bulletin des recherches historiques*, XXVI (1920) p. 242
[Réponse à une question publiée dans la même revue, p. 183. Confirme le plagiat de l'auteur, et se demande si le livre avait bien eu deux éditions la même année]

MALCHELOSSE, G. Voir AUDET, F.-J. et G. MALCHELOSSE, no 1027

1030 « UN À QUI ON NE LE FAIT PAS », « La Piraterie littéraire », *L'Opinion publique*, X (1879) p. 580

1031 « XX », « Bibliographies », *L'Opinion publique*, IX (1878) p. 542
[Selon ce critique, l'ouvrage serait d'un auteur français médiocre de l'école de Ponson du Terrail]

ORSONNENS, JEAN PROTAIS ÉRASTE D'
(Saint-Roch de l'Achigan, 1837–)

UNE APPARITION

1032 1853. Fragment dans *Les Veillées littéraires canadiennes*, Montréal, L. J. Racine, Agent-Général, J. C. Lagarde, Typ., Sixième veillée (1853), pp. 19–32
[Incomplet. Ce texte fut remanié pour l'éd. de 1860]

1033 1856. Extrait dans Éraste d'Orsonnens, *Felluna, la vierge iroquoise; Une épluchette de blé d'Inde; Une résurrection*, Montréal, Senécal et Daniel, 1856:
« Une épluchette de blé d'Inde », pp. 51–65
[Variante du chapitre III d'*Une apparition*]

1034 1860. En feuilleton dans *La Guêpe*, III nos 10–23 (3 février–20 mars 1860), précédé d'une lettre-préface (voir plus bas, no 1035)

1035 1860. Littérature canadienne. Une apparition; épisode de l'émigration irlandaise au Canada, par Éraste d'Orsonnens. Montréal, Imprimé par Cérat et Bourguignon, no 78, rue Notre-Dame, 1860. 180 [184] p. « A MM les Propriétaires de *La Guêpe*. (Servant de préface)... », pp. [5]-[6]. [Texte de la lettre publiée dans *La Guêpe*, III no 10, du 3 février 1860, par laquelle l'auteur s'excuse d'offrir au public « un essai d'écolier », composé « il y a huit ans, à l'époque même où j'étudiais les belles-lettres », et où il voit à l'heure actuelle « de grands défauts »] [Annonces de *Felluna, la vierge iroquoise* et opinions de la presse sur *Une apparition*], pp. [181]-[184]
Bibliothèques: BVAU, OONL, OTP, QMBM, QMSS, QMU, QQL, QQS

1036 1861. Extrait dans *Le Littérateur canadien*, II nos 20–22 (15, 19 et 22 juin 1861): « Une épluchette de blé d'Inde »

1037 NOTES

Vers 1856 le jeune d'Orsonnens fit paraître plusieurs récits dans les journaux de l'époque. Signalons:

i) « Une résurrection », *La Patrie*, II no 76 (9 juin 1856) p. 1, qui a provoqué une lettre indignée de la part d'un « étudiant en médecine » (20 juin 1856), à laquelle d'Orsonnens a répondu (27 juin 1856).
ii) « Felluna », *La Patrie*, II nos 108–112 (22 août–1er septembre 1856). Reproduit dans *Le Littérateur canadien*, II nos 4–10 (11 avril–11 mai 1861) et en volume.
iii) « Angélina; épisode de l'insurrection canadienne de 1837–1838 », *La Guêpe*, II nos 4–7 (25 janvier–15 février 1859), signé « E. R. de St. Roch ».
Après 1860, cependant, il a renoncé au genre romanesque; nous n'avons de lui qu'une brochure sur le moteur centripète (Ottawa, Bureau et Frères, 1898; 2e éd. 1899).

A CONSULTER

1038 « *Felluna* », *L'Avenir*, VII no 48 (27 novembre 1856) p. 3
[Compte rendu des trois nouvelles]

1039 HAYNE, DAVID M., « Les Origines du roman canadien-français » (voir no 125), surtout p. 65

1040 MORGAN, H. J., « Éraste d'Orsonnens » dans *Bibliotheca Canadensis...* (voir no 38), p. 107

1041 VELLIGUL, SOPHOG [pseud. d'ADOLPHE OUIMET?], *Les Contemporains canadiens, no 4: d'Orsennens* [sic], Trois-Rivières, [s.éd.], 1858, surtout pp. 57–68

« POUTRÉ, FÉLIX »
    (pseud. de l'abbé LOUIS-ÉDOUARD BOIS?)
    (Québec, 11 septembre 1813–Maskinongé, 9 juillet 1889)

Le Coffret

1042 [1872]. Le Coffret, ou le Trésor enfoui, manière de découvrir un trésor; histoire merveilleusement véritable et véritablement merveilleuse, en trois parties. Première partie. Montréal, en vente chez tous les libraires. 24 p.
[Une nouvelle page-titre pour les 2e et 3e parties contient les mots « ... en trois parties, par Félix Poutré. Deuxième et troisième parties. Montréal, en vente chez tous les libraires. » 63 p.]
Bibliothèques: OTP, QMBM, QMSS

1043 1924. En feuilleton dans *L'Écho de Saint-Justin*, III nos 4–12 (1er février–1er octobre 1924)
[Anon.]

1044 NOTES

L'action de ce petit roman se déroule dans un village de « Mask » qui fait penser au Maskinongé qu'a desservi l'abbé Bois pendant quarante ans.

A CONSULTER

1045 « L'Abbé Louis-Édouard Bois », *Le Bulletin des recherches historiques*, XXXII (1926) p. 575
[Brève notice biographique]

1046 ALLAIRE, JEAN-BAPTISTE-ARTHUR, *Dictionnaire biographique du clergé canadien-français*, Montréal, Imprimerie de l'École catholique des Sourds-muets, 1908–1934, 6 vol., t. I, p. 61

1047 AUDET, F.-J. et G. MALCHELOSSE, *Pseudonymes canadiens* (voir no 52), p. 116
[« L'abbé Louis-Édouard Bois aurait signé du nom de Félix Poutré *Le Coffret ou le Trésor enfoui* ... (Note du notaire Richard Lessard) »]

1048 CHARLAND, R.P. THOMAS-M., « L'Œuvre historique de l'abbé Louis-Édouard Bois », *Rapport de la Société canadienne d'histoire de l'Église catholique*, 1935–1936, pp. 13–24
[Aucune mention du *Coffret*]

1049 LANCTOT, GUSTAVE, « Félix Poutré, le faux patriote » dans *Faussaires et faussetés en histoire canadienne*, Montréal, Éds Variétés, [1948], pp. 201–224

1050 LE MOINE, JAMES MACPHERSON, « M. l'abbé Bois » dans *Monographies et Esquisses* [s.l.n.éd.n.d.], pp. 467–468
[Brève notice biographique]

MALCHELOSSE, G. Voir AUDET, F.-J. et G. MALCHELOSSE, no 1047

1051 ROY, PIERRE-GEORGES, « Les Œuvres de M. l'abbé L.-É. Bois », *Le Bulletin des recherches historiques*, VI (1900) pp. 280–281
[« L'abbé Bois était aussi modeste que savant. Il n'a jamais voulu consentir à laisser mettre son nom sur les ouvrages qu'il a publiés », p. 280]

1051a ———, « L'Abbé Louis-Édouard Bois » dans *Fils de Québec* (voir no 205), t. III, pp. 182–184
[Notice biographique]

PRÉVOST, PAUL-ÉMILE, M.D.
(1864–mai 1908)

L'ÉPREUVE

1052 1900. L'Épreuve, par Paul-Émile Prévost, M.D. Montréal, Alph. Pelletier, Imprimeur-Éditeur, 36, rue Saint-Laurent, 36, 1900. 142 p.
« A mes parents honorés », p. [v]
« Préface », pp. [vii]–xv
Bibliothèques: OONL, OOU, QMBM, QMSS, QQL

1053 NOTES

En plus de son roman médiocre, le docteur Prévost nous a laissé des traités de médecine et d'hygiène, un recueil de chansons canadiennes, et un « lever de rideau »: *Agence matrimoniale,* Montréal, « Le Passe-Temps », [1907]. 24 p.

A CONSULTER

1054 AUCLAIR, abbé ÉLIE-JOSEPH-ARTHUR, *Saint-Jérôme de Terrebonne,* Saint-Jérôme, J.-H.-A. Labelle, 1934. 362 p.
[La famille du docteur JULES-ÉDOUARD PRÉVOST, 1828–1903, père de notre auteur, pp. 264–266]

1055 « M. le docteur P.-É. Prévost » [portr.], *La Revue nationale,* II (1895–1896) pp. 381 et 529
[Même portr. reproduit deux fois]

PROVOST, JOSEPH
(Île-Bouchard, 3 septembre 1847–après 1910)

LA MAISON DU COTEAU

1056 1881. La Maison du coteau; nouvelle canadienne, par J. Provost. Montréal, L. E. Rivard, Éditeur, 564 ½, rue Craig, 1881. 96 p.
Bibliothèques: QMBM, QQL

1057 NOTES

Ouvrage de polémique anti-catholique, ce roman nous présente un mari protestant persécuté par la famille et le curé de son épouse catholique. L'action se passe vers 1846 dans un village sur les bords du Saint-Laurent. Le pasteur Provost étant né à Verchères en 1847, l'on se demande si l'ouvrage comporterait des éléments autobiographiques.

A CONSULTER

1058 DUCLOS, RIEUL-P., *Histoire du protestantisme français au Canada et aux États-Unis,* Lausanne, G. Bridel, [s.d.], t. I, pp. 246–247 et t. II, pp. 216–217
[Biographie avec portr.]

1059 MORGAN, H. J., *The Canadian Men and Women of the Time* (voir no 166), First Edition, p. 838
[Notice biographique]

ROUSSEAU, EDMOND
(Château-Richer, 24 août 1850–Québec, 8 mars 1909)

LE CHÂTEAU DE BEAUMANOIR

1060 1886. Le Château de Beaumanoir; roman canadien, par Edmond Rousseau. Lévis, Mercier et cie, Éditeurs, 1886. vii, 276 p.
« Préface », pp. [v]–vii
Bibliothèques: BVAU, OONL, OTP, OTU, QMBM, QMM, QMSS, QMU, QQA, QQLa

1061 1916. Le Château de Beaumanoir; roman canadien, par Edmond Rousseau. Deuxième édition. Québec, La Cie de Publication « Le Soleil », 1916. vi, 234 [235] p.
« Préface », pp. [v]–vi
Bibliothèques: QMBM, QMSS, QQL

LES EXPLOITS D'IBERVILLE

1062 1888. Les Exploits d'Iberville, par Edmond Rousseau. Québec, Typographie de C. Darveau, 1888. xi–254 [255] p.
« Préface », pp. [v]–xi
Bibliothèques: BVAU, OONL, OORD, OOSJ, OOU, OTP, OTU, QMBM, QMM, QMSS, QMU, QQA, QQL

1063 1912, 1913. Les Exploits d'Iberville, par Edmond Rousseau. (Deuxième édition). Québec, imprimé par la Cie « Le Soleil », 1912. x, 238 [239] p.
« Préface », pp. [v]–x
[Certains exemplaires portent la date 1913]
Bibliothèques: QMBM, QMSS, QMU, QQLa

1064 [1930]. Les Exploits d'Iberville, par Edmond Rousseau. Illustrations de L. Maîtrejean. Tours, Maison Alfred Mame & Fils; Montréal, Granger Frères, limitée, 54, ouest, rue Notre-Dame. 230 [231] p.
(Collection canadienne, série 522, no 522-04)
« Préface », pp. [7]–11
Bibliothèques: BVAU, OKQ, OOSU, QMBM, QMU

LA MONONGAHÉLA

1065 1890. Histoire du Canada popularisée. La Monongahéla, par Edmond
Rousseau. Québec, Typographie de C. Darveau, 82, rue de la Mon-
tagne, 1890. 237 [239] p.
« A l'honorable Chs. A. Ern. Gagnon... », p. [5]
« Au lecteur », p. [7]
Bibliothèques: OONL, OOSJ, OOU, OTP, OTU, QMBM, QMM, QMSS, QQA, QQL, QQS

1066 1915. Histoire du Canada popularisée. La Monongahéla, par Edmond
Rousseau. Deuxième édition. Québec, La Cie de Publication « Le
Soleil », 1915. 237 [239] p.
« A l'honorable Chs.-A.-Ern. Gagnon... », p. [5]
« Au lecteur », p. [7]
Bibliothèques: OKQ, QMSS, QQL, QQLa

1067 [1930]. Histoire du Canada popularisée. La Monongahéla, par Edmond
Rousseau. Dessins de ANDRÉ FOURNIER. Tours, Maison Alfred Mame
& Fils; Montréal, Granger Frères, limitée, 54, ouest, rue Notre-Dame.
234 [235] p. (Collection canadienne, série 522, no 522-01)
« A l'honorable Chs. A. Ern. Gagnon... », p. [7]
« Au lecteur », p. [9]
Bibliothèques: BVaU, OOSU, QMBM, QMU

1068 NOTES

En plus de ses trois romans, Edmond Rousseau a composé des récits
(notamment *Deux récits: A Carillon; Dans un yacht*, Montréal,
Décarie, Hébert & Beauchesne, [1903], 190 p.) et des traités de tempérance. Les Arch. du Petit Séminaire de Québec conservent deux
appréciations du *Château de Beaumanoir*, l'une de Mgr THOMAS-
GRÉGOIRE ROULEAU et l'autre de THOMAS CHAPAIS (SÉMINAIRE 73,
pièces 42a et 42b).

A CONSULTER :

1069 BAILLAIRGÉ, abbé F.-A., « *La Monongahéla* » dans *La Littérature au Canada
en 1890* (voir no 55), pp. 164, 328–329
[Appréciation et compte-rendu tiré de *L'Union libérale*]

1070 « M. Edmond Rousseau », *La Tempérance*, III (1909) pp. 268–269
[Nécrologie]

1071 GAGNON, P., Essai de bibliographie canadienne... (voir no 18), t. II, p. 255
[« Lediéu a prétendu que l'auteur (des *Exploits d'Iberville*) s'était inspiré de
l'ouvrage *Le Chat du bord* par Lalandelle »]

1072 LESAGE, J.-S., « Edmond Rousseau; le romancier » dans *Notes biographiques — Propos littéraires* (voir no 152), pp. 181–192
[Étude rapide des trois romans, avec de nombreuses citations]

1073 M., H., « M. Edmond Rousseau meurt subitement », *L'Action sociale*, II
no 64 (9 mars 1909) p. 8

1074 « Ouvrages publiés par feu Edmond Rousseau », *Le Bulletin des recherches historiques,* XX (1914) pp. 266–267

1075 POTVIN, DAMASE, « Edmond Rousseau, 1853–1916 » [*sic*], *La Revue de l'Université Laval,* VIII (1953–1954) pp. 358–370
[Étude générale de l'œuvre, à utiliser avec méfiance à cause des erreurs de détail]

ROY, RÉGIS
(Ottawa, 16 février 1864–Ottawa, 22 août 1944)

LE CADET DE LA VÉRENDRYE (= LE SECRET DE L'AMULETTE)

1076 1896–7. En feuilleton dans *Le Monde illustré,* XIII nos 653–665 (7 novembre 1896–30 janvier 1897), sous le titre « Le Cadet de la Vérendrye ou le Trésor des montagnes de roches »

1077 1897. Le Cadet de la Vérendrye, ou le Trésor des montagnes de roches; épisode d'un voyage à la découverte de la mer de l'ouest, en 1750–51–52. Dédié à M. BENJAMIN SULTE. Montréal, Leprohon & Leprohon, Libraires-Éditeurs, 25, rue St-Gabriel, 1897. 73 [74] p.
Bibliothèques: OTU, QMG, QMSS, QQS

1078 [1926]. Le Secret de l'amulette; roman canadien historique inédit, par Régis Roy. Illustrations d'ALBERT FOURNIER. « Le Récit canadien », Éditions Édouard Garand, 153a, rue Sainte-Elisabeth, 153a, Montréal. 48 p.
« Avant-propos », pp. [3]–4
[Nouvelle version du *Cadet de la Vérendrye,* avec un avant-propos sur la famille Gauthier de Varennes de la Vérendrye]
Bibliothèques: QMBM, QMSS, QMU, QQL

LA MAIN DE FER

1079 1899. En feuilleton dans *Le Monde illustré,* XVI nos 804–813 (30 septembre–2 décembre 1899) sous le titre « Le Chevalier Henri de Tonti, ou Main-de-fer »

1080 [1931]. Drummondville, mai 1931, Montréal. La Main de fer; roman historique canadien, par Régis Roy. « Le Roman canadien », Éditions Édouard Garand, 1423, 1425, 1427, rue Ste-Elisabeth, Montréal. 53 [54] p.
(« Le Roman canadien, no 73 », à la couv. Suivi de *La Vie canadienne,* no 51, mai 1931, aux pp. [55]–68
«Avant-propos », p. [2]
Bibliothèques: BVAU, OTU, QMBM, QMSS, QMU

1080a NOTES

Auteur prolifique dans divers genres, Régis Roy a publié après 1900 plusieurs recueils de contes et un troisième roman, *Le Manoir hanté; récit canadien* (Montréal & New-York, Les Cahiers populaires, Louis Carrier, 1928. 225 [227] p.)

A CONSULTER

1081 BELLERIVE, G., « Régis Roy » dans *Nos auteurs dramatiques* (voir no 62), pp. 33–38

1082 DROLET, A., *Bibliographie du roman canadien-français, 1900–1950* (voir no 12), p. 93
[Ses contes publiés après 1900]

1083 LANGLAIS, JACQUES, « Bio-bibliographie analytique de Régis Roy », Montréal, 1947. iv, 106 f. Préface de MARIE-CLAIRE DAVELUY
[Thèse présentée à l'École de Bibliothécaires de l'Université de Montréal. Dactylographiée. Sur microfilm (voir no 36), bobine no 10. Ouvrage indispensable, qui contient une bonne biographie de Régis Roy, pp. 1–16, et une bibliographie exhaustive de ses écrits, pp. 19–75]

SINGER, FRANÇOIS-BENJAMIN
(Saint-Philippe de Laprairie, 4 juillet 1830–Sherrington, 26 février 1876)

SOUVENIRS D'UN EXILÉ CANADIEN

1084 1871. Souvenirs d'un exilé canadien, par F. B. Singer, notaire. Montréal, imprimés par John Lovell, 1871. 303 p.
« Préface » (F.B.S.), pp. [3]–5
Bibliothèques: BVAU, NSHD, OTP, QMBM, QMSS, QMU, QQL, QQLa

1085 NOTES

Ce volume nous offre le récit romancé des aventures d'un patriote pendant, et surtout après, les événements de 1837–1838. « Fuyez donc la révolte, conclut ce dernier, car la rébellion conduit à l'exil ou à l'échafaud » (p. 303).

A CONSULTER

1085a CONSTANT, PHILIPPE, « La Famille du Père Camille Lefebvre (1831–1895) », *Le Bulletin des recherches historiques*, LXVII no 2 (avril-mai-juin 1961) pp. 73–84
[Surtout les pp. 81–84 sur la famille Singer]

TARDIVEL, JULES-PAUL
(Covington, Kentucky, 2 septembre 1851–Québec, 24 avril 1905)

POUR LA PATRIE

1086 1895. Pour la patrie; roman du XXe siècle, par J.-P. Tardivel, directeur de la *Vérité*. [citation latine et traduction française], Michaeas propheta, VII, 8. Montréal, Cadieux & Derome, Libraires-Éditeurs, 1895. 451 p.
« Avant-propos », pp. [3]–12, publié d'abord dans *La Vérité*, XV no 2 (10 août 1895) pp. 5–6
Bibliothèques: BVAU, OKQ, OKR, OONL, OOSJ, OOU, OTP, OTU, QMBM, QMSS, QMU, QQA, QQL, QQLa

1087 1936. Pour la patrie; roman du xxᵉ siècle, par J. P. Tardivel, directeur de
la « Vérité ». [citation latine et traduction française], Michaeas propheta,
VII, 8. Montréal, La « Croix », 1936. 379 p.
[A la couverture: « 2ᵉ édition »]
« Avant-propos », pp. [5]–12
Bibliothèques: QMBM, QQL

A CONSULTER

1088 ARNER, « Un roman canadien », *L'Oiseau-Mouche* (Chicoutimi), III no 14
(14 septembre 1895) pp. 61–62
[Propose que *Pour la patrie* soit distribué en prix dans les collèges, ce qui fut
fait dans la suite]

1089 ARTEAU, ODILON, « Le Veuillot du Canada. Le Centenaire de naissance de
Jules-Paul Tardivel... », *L'Action catholique*, XLIV no 13,708 (7 septem-
bre 1951) p. 4
[A la même page: « Quelques notes sur la vie et l'œuvre du fondateur de la
Vérité », et « Témoignages et appréciations sur Jules-Paul Tardivel »]

1090 ASSELIN, OLIVAR, « M. Tardivel », *Le Nationaliste,* II no 9 (30 avril 1905) p. 1
[Appréciation avec des réserves]

1091 AUCLAIR, abbé É.-J.-A., « Monsieur Jules-Paul Tardivel » dans *Figures
canadiennes* (voir no 51), 2ᵉ sér., pp. 195–200
[Cite, aux pp. 198–199, une appréciation du roman parue dans *La Semaine
religieuse*]

1092 « Autour et alentour: l'ancêtre Tardivel à la chasse-galerie », *Le Canada,*
XLI no 170 (22 octobre 1943) p. 4
[Les excès de Tardivel dans sa poursuite des francs-maçons]

1093 B., A., « *Pour la patrie* », *La Revue canadienne,* XXXI (1895) pp. 566–569
[Compte rendu élogieux]

1094 BARRETTE, VICTOR, « Un roman trop injustement oublié: *Pour la patrie* »,
Le Droit, XVIII no 282 (5 décembre 1931) p. 10

CABRETTE [pseud.]. Voir MASSICOTTE, ÉDOUARD-ZOTIQUE, no 1106

1095 FÈVRE, Mgr JUSTIN-LOUIS-PIERRE, *Vie et travaux de J.-P. Tardivel, fondateur du journal « La Vérité » à Québec*, Paris, A. Savaète, [1906]. 245 p.
[Ouvrage médiocre. Comptes rendus peu favorables par ADJUTOR RIVARD
dans le *Bulletin du parler français au Canada,* V (1906–1907) pp. 185–186, et
par PIERRE-GEORGES ROY dans *Toutes Petites Choses du régime anglais*
(voir no 205b), t. II, p. 294]

FISKE, JOHN. Voir WILSON, JAMES GRANT et JOHN FISKE, no 1110

1095a GIRARD, MATHIEU, « La Pensée politique de Jules-Paul Tardivel », *Revue
d'histoire de l'Amérique française,* XXI no 3 (décembre 1967) pp. 397–
428
[Tardivel précurseur du séparatisme]

1096 H., T., s.j., « M. J.-P. Tardivel », *Le Messager canadien du Cœur de Jésus,*
XIV (1905) pp. 250–251. Reproduit dans *La Vérité,* XXIV no 28 (27
juin 1905) p. 6
[Article nécrologique]

1097 HARE, JOHN ELLIS, « Nationalism in French Canada and Tardivel's Novel *Pour la Patrie* », *Culture*, XXII (1961) pp. 403–412
[Le roman exprime un nationalisme de type clérical et antimaçonnique]

1098 HÉROUX, OMER, « Le Centenaire de Tardivel », *Le Devoir*, XLII no 221 (22 septembre 1951) p. 4
[En tant que rédacteur de *La Vérité* et ensuite au *Devoir* M. Héroux a voué un culte à la mémoire de Tardivel, dont il a évoqué le souvenir dans des articles annuels trop nombreux et trop semblables les uns aux autres pour qu'on les signale ici. On en trouvera une liste incomplète dans la thèse de Mlle Jarry. Voir no 1099]

1099 JARRY, GEORGETTE, « Notes bio-bibliographiques sur Monsieur Jules-Paul Tardivel, fondateur du journal *La Vérité* à Québec », Montréal, 1951. x, 84 [90] f.
[Thèse présentée à l'École de Bibliothécaires de l'Université de Montréal. Dactylographiée. Sur microfilm (voir no 36), bobine no 10. Ouvrage indispensable, qui contient une excellente biographie de Tardivel, pp. 2–64, et une bibliographie très complète de ses écrits, notamment de ses innombrables articles de journal, pp. 65–80]

1100 JONES, F. M., *Le Roman canadien-français...* (voir no 132), pp. 130–131, 146

1101 « Jules-Paul Tardivel », *La Vérité*, XXIV no 24 (29 avril 1905)
[Le numéro entier, bordé de noir, est consacré à la mémoire de Tardivel; des appréciations reçues plus tard paraissent dans les numéros suivants sous la rubrique « In memoriam »]

1102 LACROIX, ALBERT, « Apologétique illustrée: Tardivel », *Le Semeur*, XIV (1918) pp. 115–119

1103 L[INDSAY], abbé L[IONEL], « Jules-Paul Tardivel », *La Nouvelle-France*, IV (1905) p. 242
[Brève nécrologie]

1104 [MAGNAN, CHARLES-JOSEPH], « M. J.-P. Tardivel », *L'Enseignement primaire*, XXVI (1905) pp. 574–577. Nécrologie reproduite dans *La Revue canadienne*, XLIX (1905²) pp. 94–98

1105 MARION, SÉRAPHIN, « Jules-Paul Tardivel, pionnier de la presse indépendante et catholique du Canada français », *Rapport de la Société canadienne d'histoire de l'Église catholique* (1954–1955) pp. 13–23

1106 MASSICOTTE, ÉDOUARD-ZOTIQUE [pseud. CABRETTE], « Jules-Paul Tardivel », *Le Bulletin des recherches historiques*, XXX (1924) p. 24
[Brève notice biographique]

1107 MORGAN, H. J. « Jules-Paul Tardivel » dans *The Canadian Men and Women of the Time* (voir no 166), First Edition, p. 995

1108 O'LEARY, D., *Le Roman canadien-français* (voir no 169), p. 49

RIVARD, ADJUTOR. Voir FÈVRE, Mgr JUSTIN-LOUIS-PIERRE, no 1095

1109 ROY, PIERRE-GEORGES, « La Jeunesse de Jules-Paul Tardivel » dans *Toutes Petites Choses du régime anglais* (voir no 205b), t. II, p. 293

————, Voir FÈVRE, Mgr JUSTIN-LOUIS-PIERRE, no 1095

1109a SAVARD, PIERRE, « Jules-Paul Tardivel, un ultramontain devant les problèmes et les hommes de son temps » dans Canadian Historical Association, *Report,* 1963, pp. 125–140
« Dans son roman *Pour la Patrie,* c'est sans aucun doute (Israël) Tarte qu'il dépeint sous les traits d'Hercule Saint-Simon, le journaliste qui s'est enrichi scandaleusement en faisant fi de ses principes », p. 133]

1109b ————, « Jules-Paul Tardivel, 1851–1905; héraut du Canada français traditionnel » dans *Livres et Auteurs canadiens,* 1965, pp. 170–171, suivi d'extraits des ouvrages et des articles de Tardivel, pp. 172–176

1109c ————, « Jules-Paul Tardivel et Louis Veuillot », *L'Enseignement secondaire,* XLV no 2 (mars-avril 1966) pp. 85–99

1109d ————, *Jules-Paul Tardivel; La France et les États-Unis, 1851–1905,* Québec, Les Presses de l'université Laval, 1967. 499 p. (Les Cahiers de l'institut d'Histoire, 8)
[Étude très importante, qui contient une excellente bibliographie aux pp. ix–xxxvii]

1110 WILSON, JAMES GRANT et JOHN FISKE (comp.), « Julius Paul Tardivel » [*sic*] dans *Appleton's Cyclopaedia of American Biography* (voir no 237b), t. IV, p. 34

THIL-LORRAIN, MICHEL-MATERNE (auteur belge)
(Virton, Belgique, 1826–Verviers, Belgique, 1893)

1111 NOTES

Le roman historique de Thil-Lorrain, *Nélida ou les Guerres canadiennes, 1812–1814,* fut édité deux fois au Canada, d'abord dans la *Revue canadienne,* IV (1867) où il parut en feuilleton signé « Monsieur T.L. », et ensuite à Trois-Rivières, chez P. V. Ayotte, Libraire-Éditeur, coin des rues Notre-Dame et Du Platon, [s.d.], 173 p. En Europe l'ouvrage paraît avoir connu un certain succès; l'on constate l'existence d'au moins cinq éditions publiées par la maison Casterman à Tournai (1867, 1872, 1875, 1881, 1912)

A CONSULTER

1112 SEYN, EUGÈNE DE, *Dictionnaire des écrivains belges; biobibliographie,* Bruges, Éds Excelsior, 1931, t. II, p. 1710

THOMAS, ALPHONSE
(Montréal, 6 août 1841–Saint-Joseph de Chambly, 17 juillet 1905)

GUSTAVE

1113 1882. Gustave, ou un héros canadien; roman historique et polémique, par A. Thomas. Montréal, Librairie Notre-Dame de Lourdes, Gernaey & Hamelin, Libraires-Éditeurs, 252, rue Notre-Dame, 252, 1882. [ii], 407 p.
« Avis des éditeurs », pp. [i]–[ii]
Bibliothèques: BVaU, OONL, OTU, QMBM, QMSS, QMU, QQL, QQS

1114 1897. Gustave, ou un héros canadien; roman historique et polémique, par A. Thomas. Deuxième édition, revue et corrigée. Montréal, C. O. Beauchemin & Fils, Libraires-Imprimeurs, 256 et 258, rue Saint-Paul, 1897. 376 p.
« Préface », p. [3]
Bibliothèques: OONL, OOSJ, OTP, QQL

1115 1901. Gustave, ou un héros canadien; roman historique et polémique, par A. Thomas. Deuxième édition, revue et corrigée. Montréal, C. O. Beauchemin & Fils, Libraires-Imprimeurs, 256 et 258, rue Saint-Paul, 1901. 376 p.
« Préface », p. [3]
Bibliothèques: QQLa

1116 [s.d.]. Gustave, ou un héros canadien; roman historique et polémique, par A. Thomas. Deuxième édition revue et corrigée. Montréal, Librairie Beauchemin [à resp. limitée], 256, rue Saint-Paul. 376 p.
« Préface », p. [3]
Bibliothèques: OOU

1117 [s.d.]. Gustave, ou un héros canadien; roman historique et polémique, par A. Thomas. Troisième édition, revue et corrigée. [s.l.n.éd.]. 376 p.
Note au verso de la page-titre: « Les soussignés ont acquis de C. O. Beauchemin & Fils la propriété du présent ouvrage. Librairie Beauchemin [à responsabilité limitée]. »
« Préface », p. [3]
Bibliothèques: QQLa

1118 [s.d.]. Gustave, ou un héros canadien; roman historique et polémique, par A. Thomas. Troisième édition, revue et corrigée. Montréal, Librairie Beauchemin, limitée, 79, rue St. Jacques. 376 p.
« Préface », p. [3]
Bibliothèques: OONL, QMBM, QQL

ALBERT

1119 1885. Albert, ou l'Orphelin catholique, par A. Thomas, auteur de *Gustave, ou un héros canadien*. Publié avec l'approbation de Sa Grandeur Monseigneur de Montréal. Montréal, Beauchemin & Valois, Libraires-Imprimeurs, 256 et 258, rue Saint-Paul, 1885. viii, 416 p.
« Préface », pp. [v]–viii
Bibliothèques: OONL, QMSS, QQL

1120 1893. Albert, ou l'Orphelin catholique, par A. Thomas, auteur de *Gustave,*
ou un héros canadien. Publié avec l'approbation de Sa Grandeur
Monseigneur de Montréal. Montréal, C. O. Beauchemin & Fils,
Libraires-Imprimeurs, 256 et 258, rue Saint-Paul, 1893. viii, 394 p.
« Préface », pp. [v]–viii
Bibliothèques: OONL, OOSJ, QMU

1121 1900. Albert, ou l'Orphelin catholique, par A. Thomas, auteur de *Gustave,*
ou un héros canadien. Publié avec l'approbation de Sa Grandeur
Monseigneur de Montréal. Montréal, C. O. Beauchemin & Fils,
Libraires-Imprimeurs, 256 et 258, rue Saint-Paul, 1900. viii, 394 p.
« Préface », pp. [v]–viii
Bibliothèques: OONL, OTP, OTU, QMBM

1122 [s.d.]. Albert, ou l'Orphelin catholique, par A. Thomas, auteur de *Gustave,*
ou un héros canadien. Publié avec l'approbation de Sa Grandeur
Monseigneur de Montréal. Montréal, Librairie Beauchemin, limitée, 79,
rue Saint-Jacques, 79. viii, 394 p.
(Au faux-titre: no 1336)
« Préface », pp. [v]–viii
[Certains exemplaires de cette impression sont revêtus d'une nouvelle couver-
ture qui porte l'adresse bibliographique: « Montréal, Librairie Beauchemin,
limitée, 30, rue Saint-Gabriel, 30 »]
Bibliothèques: QMBM

1123 1912. Albert, ou l'Orphelin catholique, par A. Thomas, auteur de *Gustave,*
ou un héros canadien. Publié avec l'approbation de Sa Grandeur
Monseigneur de Montréal. Montréal, Librairie Beauchemin, limitée,
79, rue St. Jacques, 1912. 236 [237] p.
(Bibliothèque canadienne, collection Maisonneuve, no 502)
« Préface », pp. [11]–12
Bibliothèques: OONL, OOU, QMBM, QQA

1124 1924. Albert, ou l'Orphelin catholique, par A. Thomas, auteur de *Gustave,*
ou un héros canadien. Publié avec l'approbation de Sa Grandeur
Monseigneur de Montréal. Montréal, Librairie Beauchemin, limitée,
30, rue St-Gabriel, 1924. 202 [203] p.
(Bibliothèque canadienne, collection Maisonneuve, no 502 B)
« Préface », pp. [11]–12
Bibliothèques: QMSS

1125 NOTES

Dans la préface d'*Albert, ou l'Orphelin catholique* (p. v), l'auteur
caractérise ainsi ses deux ouvrages: « Comme *Gustave,* ce livre traite
de questions religieuses, questions de la plus haute importance que
tout catholique doit bien comprendre, s'il veut réfuter avec facilité les
arguties et les accusations lancées contre notre Église par nos frères
séparés. »

A CONSULTER

1126 DROLET, A., *Bibliographie du roman canadien-français, 1900–1950* (voir no
12), pp. 99–100

1127 « *Gustave, ou un héros canadien* », *L'Album des familles*, VII (1882) pp. 304–305
[Compte rendu élogieux]

1128 MASSICOTTE, ÉDOUARD-ZOTIQUE, « Le Romancier Alphonse Thomas », *Le Bulletin des recherches historiques*, XLV (1939) pp. 125–126
[Brève notice biographique]

1129 PÈLERIN, J.-J. « *Albert, ou l'Orphelin catholique* », *La Revue canadienne*, XXX (1894) pp. 30–34
[Résumé et appréciation]

TREMBLAY, RÉMI
    (Saint-Barnabé, 2 avril 1847–Pointe-à-Pitre, Guadaloupe, 30 janvier 1926)

UN REVENANT

1130 1884. Un revenant, épisode de la guerre de sécession aux États-Unis, par Rémi Tremblay. Montréal, Typographie de La Patrie, 1884. 437 p.
    Bibliothèques: BVAU, OONL, OTU, QMSS, QQA, QQL, QQLa

1131 NOTES

    Selon la Sr MARY-CARMEL THERRIAULT (voir no 1138) et d'autres, Rémi Tremblay aurait publié en feuilleton dans *L'Indépendant* de Fall-River un autre roman, « Contre le courant », lequel ne paraît pas avoir été édité en volume.

    A CONSULTER

1132 BÉLISLE, ALEXANDRE, « Rémi Tremblay » dans *Histoire de la presse franco-américaine*... (voir no 60), pp. 296–299
    [D'intéressants détails biographiques]

1133 COCHRANE, Rev. WILLIAM M. (comp.), « Rémi Tremblay » dans *The Canadian Album. Men of Canada or Success by Example* (voir no 87), t. II, p. 109

1134 FRASER, I. F., *Bibliography of French-Canadian Poetry* (voir no 15), pp. 89–90
    [L'œuvre poétique de R. Tremblay]

1135 MALCHELOSSE, GÉRARD, « M. Rémi Tremblay », *Le Pays laurentien*, III (1918), pp. 102–106
    [Excellente esquisse biographique, qui utilise les renseignements fournis par *Bélisle*, voir no 1132]

1136 « M. Rémi Tremblay » [portr.], *La Revue nationale*, II (1895–96), p. 560b

1137 « Rémi Tremblay », *Le Bulletin des recherches historiques*, XXXII (1926) p. 436
    [Notice biographique]

1138 THERRIAULT, Sr M.-C., *La Littérature française de Nouvelle-Angleterre* (voir no 224), pp. 238–239, 310
[Cite en note au bas de la p. 238 une lettre de Tremblay, adressée à EDMOND MALLET le 10 septembre 1885, où l'auteur affirme le caractère autobiographique de son roman]

1139 TREMBLAY, RÉMI, *Pierre qui roule...*, Montréal, Beauchemin, [1923]. 234 p.
[Souvenirs. L'auteur déclare que son roman contient « toutes les aventures et mésaventures que lui ont procurées ses 18 mois de service devant l'ennemi », p. 79, et confirme que le personnage de Leduc, c'est lui]

1140 TRUDEL, M., *L'Influence de Voltaire au Canada* (voir no 226), t. II, pp. 242–245 et *passim*
[Sur « L'Inquisition moderne », poème héroï-comique de Tremblay dans lequel il s'attaque à J.-P. TARDIVEL]

TROBRIAND, PHILIPPE-RÉGIS-DENIS DE KEREDERN, BARON DE
(Auteur français)
(Tours, France, 4 juin 1816–Bayport, É.-U., 15 juillet 1897)

1141 NOTES

Ayant fait paraître un roman sur l'insurrection vendéenne de 1832, *Les Gentilshommes de l'ouest* (Paris, Desessart, 1840), ce jeune Français aux ambitions littéraires vint en 1841 faire son tour d'Amérique, sans se douter qu'il y resterait presque toute sa vie. De passage à Québec il saisit des échos des troubles de 1837, et de retour à New York il composa pour *Le Courrier des États-Unis* son petit roman *Le Rebelle* (vol. XIV, nos 119–122, des 2, 4, 7 et 9 décembre 1841). Quelques semaines plus tard, Aimé-Nicolas *dit* Napoléon Aubin édita le récit en volume :

Le Rebelle ; histoire canadienne, par Mr le baron Régis de Trobriand. Québec, publié par N. Aubin et W. H. Rowen, Imprimeurs, 1842. 38 p.
Bibliothèques : QMSS, QQLa

En 1849, le baron de Trobriand fonda à New York la *Revue du Nouveau Monde*, qui fit bientôt échec ; ensuite il se mit à la conquête de la gloire militaire dans l'ouest des États-Unis. Entre temps, *Le Rebelle* fut reproduit dans les *Nouvelles Soirées canadiennes*, I (1882), en 5 tranches.

A CONSULTER

1142 BISSON, LAURENCE A., *Le Romantisme littéraire au Canada français*, Paris, E. Droz, 1932, surtout pp. 49, 265–266
[Se trompe sur l'identité de Trobriand ; croit que ce nom n'est qu'un simple pseudonyme]

1143 DROLET, A., « Régis de Trobriand, auteur du *Rebelle* », *Le Bulletin des recherches historiques*, LXIV (1958) pp. 5–6

1144 HAYNE, DAVID M., « M. de Trobriand », *Le Bulletin des recherches historiques,* LIV (1948) p. 30
[Réponse à une question parue dans la même revue, vol. XXVI (1920) p. 191]

1145 ———, « Les Origines du roman canadien-français » (voir no 125), surtout
pp. 50–51

1146 KREBS, ALBERT, « Un épisode des relations littéraires franco-américaines;
Régis de Trobriand et la *Revue du Nouveau Monde* (1849–1850) »,
La Revue de littérature comparée (Paris), 27ᵉ année, no 1 (janvier-
février-mars 1953) pp. 76–92

1147 « *Le Rebelle* », *Le Fantasque,* IV no 1 (7 avril 1842) p. [3]
[Louis Perrault de Montréal fut arrêté pour avoir fait vendre par des petits
garçons « le joli roman de Mr De Trobriand... cette sotte incartade de Mr
Driscoll le juge de police, nous a valu une vente de plus de 300 exemplaires
de l'ouvrage incriminé... il nous en reste fort peu »]

1148 POST, MARIE CAROLINE DE TROBRIAND, *The Life and Mémoirs of Comte
Régis de Trobriand...,* New York, E. P. Dutton, 1910. ix, 539 p.
[Biographie très complète, par la fille de l'auteur]

1148a TREMBLAY, JEAN-PAUL, « Aimé-Nicolas dit Napoléon Aubin; sa vie, son
œuvre », Québec, 1965. xix, 325 f.
[Thèse présentée à l'École des Gradués de l'Université Laval pour obtenir le
doctorat ès lettres. Étudie aux pp. 113–116 les circonstances dans lesquelles le
roman de Trobriand a vu le jour à Québec]

1149 TROBRIAND, PHILIPPE-RÉGIS-DENIS DE KEREDERN, baron de, *La Vie
militaire dans le Dakota,* Paris, H. Champion, 1926. xvi, 407 p.
[Biographie de l'auteur, pp. i–xvi]

1150 ———, *Military Life in Dakota. The Journal of Philippe Régis de Trobriand,*
translated and edited from the French original by LUCILE M. KANE.
St. Paul [Minn.], Alvord Memorial Commission, [1951]. xxv, 395 p.
[Biographie de l'auteur, pp. xv–xxv. A la p. 373 l'on affirme que les papiers
de la famille de Trobriand sont en la possession de M. WALDRON KINTZING
POST de New York]

Index

LES CHIFFRES RENVOIENT
AUX NUMÉROS DES ITEM

Table des matières